AF167791

Michael Schulz

Der „rasende Reporter"
Egon Erwin Kisch

Entwicklung vom neusachlichen Flaneur zum
politisch agitierenden Berichterstatter

Diplomica® Verlag GmbH

Schulz, Michael: Der „rasende Reporter" Egon Erwin Kisch. Entwicklung vom neusachlichen Flaneur zum politisch agitierenden Berichterstatter, Hamburg, Diplomica Verlag GmbH 2009

ISBN: 978-3-8366-8017-2
Druck Diplomica® Verlag GmbH, Hamburg, 2009

Bibliografische Information der Deutschen Bibliothek
Die Deutsche Bibliothek verzeichnet diese Publikation in der Deutschen Nationalbibliografie;
detaillierte bibliografische Daten sind im Internet über
<http://dnb.ddb.de> abrufbar.

Die digitale Ausgabe (eBook-Ausgabe) dieses Titels trägt die ISBN 978-3-8366-3017-7 und kann über den Handel oder den Verlag bezogen werden.

Dieses Werk ist urheberrechtlich geschützt. Die dadurch begründeten Rechte, insbesondere die der Übersetzung, des Nachdrucks, des Vortrags, der Entnahme von Abbildungen und Tabellen, der Funksendung, der Mikroverfilmung oder der Vervielfältigung auf anderen Wegen und der Speicherung in Datenverarbeitungsanlagen, bleiben, auch bei nur auszugsweiser Verwertung, vorbehalten. Eine Vervielfältigung dieses Werkes oder von Teilen dieses Werkes ist auch im Einzelfall nur in den Grenzen der gesetzlichen Bestimmungen des Urheberrechtsgesetzes der Bundesrepublik Deutschland in der jeweils geltenden Fassung zulässig. Sie ist grundsätzlich vergütungspflichtig. Zuwiderhandlungen unterliegen den Strafbestimmungen des Urheberrechtes.

Die Wiedergabe von Gebrauchsnamen, Handelsnamen, Warenbezeichnungen usw. in diesem Werk berechtigt auch ohne besondere Kennzeichnung nicht zu der Annahme, dass solche Namen im Sinne der Warenzeichen- und Markenschutz-Gesetzgebung als frei zu betrachten wären und daher von jedermann benutzt werden dürften.

Die Informationen in diesem Werk wurden mit Sorgfalt erarbeitet. Dennoch können Fehler nicht vollständig ausgeschlossen werden und der Verlag, die Autoren oder Übersetzer übernehmen keine juristische Verantwortung oder irgendeine Haftung für evtl. verbliebene fehlerhafte Angaben und deren Folgen.

© Diplomica Verlag GmbH
http://www.diplomica-verlag.de, Hamburg 2009
Printed in Germany

Inhalt

1. Einleitung

„Der Reportage fällt das Jasagen schwer, darin gleicht sie der Satire, der Streitschrift. Anders als bei jenen Formen jedoch, deren kritischer Charakter fester Bestandteil ihrer Definition ist, hängt der Reportage von der Berichtseite her noch das Etikett der beliebigen Verfügbarkeit um. Dagegen legt indes nicht allein die Geschichte der Gattung, die eine grundsätzlich polemische, subversive Anwendung nahe legt, ihren Widerspruch ein, sondern auch die einfache Logik: unerläßliche Vorarbeit gerade der literarischen Reportage ist die umfassende Recherche. Nur wer mit möglichst vielen Aspekten eines Problemkreises vertraut ist, kann ohne Verkürzungen selektieren. Dabei wird jedoch der Reporter fast zwangsläufig auf Material stoßen, an dessen Veröffentlichung irgendwem nicht gelegen ist [...] Von daher ist jede Reportage zumindest potentielle Enthüllung, Aufdeckung von Mißständen. Eine Reportage, die kritiklos das Bestehende herausstreicht, ist überflüssig: jede Werbeagentur kann das besser."[1]

1.1 Zielsetzung der Untersuchung

Egon Erwin Kisch gilt in Deutschland nicht nur als der wichtigste Vertreter der sozialen Reportage, sondern auch als deren Begründer. Aber ausgerechnet sein bekanntestes Werk „Der rasende Reporter" kann kaum als gesellschaftskritisch bezeichnet werden. Mit diesem Band bediente Kisch ein bürgerliches Publikum, das er hauptsächlich nur unterhalten wollte. Die Ansätze einer Kritik waren zwar vorhanden, blieben allerdings undeutlich und in ihrer Wirkungsabsicht beliebig. Erst mit seinen späteren Werken schaffte es der gebürtige Prager, die Form der Reportage in den Dienst einer wirkungsvollen Kritik zu stellen. Die Weiterentwicklung seiner Reportage und die verschiedenen Phasen, die Kisch als Autor dabei durchlief, sind Gegenstand der vorliegenden Studie. Diese Aufgabenstellung macht eine genaue Eingrenzung der zu untersuchenden Schriften und des zu betrachtenden Zeitraums notwendig, zumal die bibliografische Erfassung von Kischs Werk auch gut 60 Jahre nach seinem Tod noch immer nicht als abgeschlossen angesehen werden kann. Von 1905, als er die Journalistenhochschule von Richard Wrede in Berlin besuchte, bis zu seinem Tod als Reporter von Weltrang im Jahr 1948, verfasste er eine schwer überschaubare Zahl journalistischer Texte

---

[1] Geisler, Michael: Die literarische Reportage in Deutschland. Königstein/Ts.: Scriptor Verlag 1982. S. 294f.

sowie literarischer Reportagen. Diese Studie beschränkt sich in ihrer Betrachtung auf eine Auswahl von Schriften Kischs der Jahre 1918 bis 1935. Ein besonderer Schwerpunkt liegt hier auf den verschiedenen theoretischen Artikeln, die er kontinuierlich über die Jahre hinweg publizierte, sowie seinen klassischen Reportagebänden der 1920/30er Jahre („Der rasende Reporter", „Hetzjagd durch die Zeit", „Wagnisse in aller Welt", „Zaren, Popen, Bolschewiken", „Paradies Amerika" und „Asien gründlich verändert").[2] Vernachlässigt werden Kischs Anthologien dieser Zeit, die lediglich Zusammenstellungen älterer Zeitungs- und Zeitschriftenartikel (u. a. „Kriminalistisches Reisebuch" und „Prager Pitaval") darstellen.

Die gewählte zeitliche Einschränkung hat mehrere Gründe: Im Jahr 1918 endete der das politische Gefüge Europas verändernde Erste Weltkrieg und für Kisch selbst die rebellisch-revolutionäre Zeit als Rotgardist in Wien. Der Politik wandte er infolge des Scheiterns der Revolution vorerst den Rücken zu, um sich wieder verstärkt auf das Schreiben zu konzentrieren. Zusammen mit seiner Übersiedlung nach Berlin 1921 und der Entscheidung als nun freier Autor sich den Zwängen der Presse zu entziehen, stellt dies eine starke persönliche Zäsur in Kischs Biografie dar. Der Band „Der Rasende Reporter" (1924) war somit seine erste Anthologie, die nicht nur eine Sammlung früherer Auftragsarbeiten für die Zeitung war, sondern zum großen Teil aus speziell hierfür verfassten Reportagen bestand. Kisch hat den Schritt vom *Penny-a-liner*, dem nach Zeilen bezahlten Schreiberling, zum Buchautor vollzogen. Der politischen Ausrichtung der auftraggebenden Zeitungen, sowie einer möglichen Redigierwut von Chefredakteuren war Kisch dadurch nicht mehr unterworfen. Der Schlusspunkt der Untersuchung, die Veröffentlichung des Bandes „Asien gründlich verändert" (1932) und die Rede „Reportage als Kunstform und Kampfform",[3] 1935 gehalten auf dem *Ersten Internationalen Schriftstellerkongress zur Verteidigung der Kultur* in Paris, ergibt sich aus der Überzeugung, dass sich spätestens hier Kischs Wandlung vom bürgerlichen, neusachlichen Flaneur zum politisch-agitierenden Berichterstatter, der sein Werk als marxistisch-revolutionär verstand, vollzogen hatte.

In dieser Studie wird die These vertreten, dass Kischs Schaffen als Buchautor einer deutlichen Wandlung unterlag. Daher wird der Versuch unternommen, sein Werk in drei verschiedene Phasen einzuteilen, wobei jede einzelne stellvertretend für eine neue Stufe auf dem Weg zu einer möglichst wirkungsvollen sozialkritischen Reportageform steht. *Erste Phase:* Der *tendenzlose* Reporter, der sich dem Postulat der *Objektivität* verschrieben hat, im Einfluss

---

[2] Alle hier genannten Bände sind in der Gesamtausgabe des Aufbau-Verlags enthalten: Egon Erwin Kisch. Gesammelte Werke in Einzelausgaben. Bd I - XI. Hrsg. von Bodo Uhse und Gisela Kisch. Berlin und Weimar: Aufbau-Verlag 1960ff. (Folgend abgekürzt: GW Bd.)
[3] Egon Erwin Kisch (EEK): Reportage als Kunstform und Kampfform. In: GW IX. S. 397 - 400.

der Neuen Sachlichkeit steht und dessen Kritik an den herrschenden Zuständen noch unklar und willkürlich ist (etwa der Zeitraum 1918 - 1924). *Zweite Phase:* Ein in seinen großen Reisebüchern der späten 1920er Jahre zur operativen Agitation im marxistischen Sinne tendierender Autor, der von den Belangen des Proletariats umtrieben ist (1926 - 1930). *Dritte Phase:* Der historisch-materialistisch argumentierende Berichterstatter, der vollends die Arbeiterklasse in den Mittelpunkt seiner Texte stellt (ab 1932). Um diese Einteilung und die sich daraus ableitende Entwicklung als schlüssig beweisen zu können, werden die thematischen Zusammenstellungen der einzelnen Reportagebände sowie die jeweils gebrauchten kompositorischen Techniken und stilistischen Mittel untersucht, stets im Vergleich mit Kischs eigenen sozialen und künstlerischen Ansprüchen an die Form der Reportage und ihren Erzeuger, dem Berichterstatter, die er selbst in vielen theoretischen Schriften formulierte. Kischs dargestellter Wandel beruht auf eigenen Erkenntnissen, stützt sich aber auch auf die wissenschaftlichen Arbeiten von Christian Ernst Siegel[4] und Rudolf Geissler,[5] sowie die in der DDR entstandenen Arbeiten Dieter Schlenstedts[6] und Günter Queißers.[7]

Das folgende Kapitel, „Forschungssituation", gibt einen Überblick über die wissenschaftliche Literatur, die im Zusammenhang mit dieser Studie als wichtig erachtet wird, und setzt sich mit der unterschiedlichen und wechselhaften Rezeption Kischs im Osten und Westen Deutschlands auseinander. Anschließend werden die Ursprünge des Reportagegenres beleuchtet und notwendigerweise auch die kulturellen und politischen Verhältnisse in der Weimarer Republik betrachtet, die erheblich zu Kischs Wandel zum marxistischen Autor beigetragen haben. Im Hauptteil erfolgt dann die Darstellung der bereits genannten drei Entwicklungsabschnitte, die der Prager Schriftsteller mit seinem Werk durchlief.

Nur von geringer Bedeutung für diese Studie ist die vieldiskutierte Frage der Forschung, inwieweit Kischs Reportagen einer bestimmten Literaturgattung zuzurechen sind. Dies scheint im Grunde eine überholte und müßige Diskussion zu sein, der jedoch Kisch selbst in vielen seiner Schriften Raum gab, wohl um dem Reportagegenre Geltung zu verschaffen. Heutzutage weisen Fachlexika die Reportage längst als literarische Form aus und moderne Strömungen innerhalb der Germanistik fassen den Literaturbegriff derart weit, dass mittlerweile selbst populär-musikalische Texte oder Werbesprüche als philologischer Ge-

---

[4] Siegel, Christian Ernst: Egon Erwin Kisch. Reportage und politischer Journalismus. Bremen: Schühnemann Universitätsverlag 1973. Und: ders.: Die Reportage. Stuttgart: J. B. Metzlersche Verlagbuchhandlung 1978 (= Sammlung Metzler Band 164).
[5] Geissler, Rudolf: Die Entwicklung der Reportage Egon Erwin Kischs in der Weimarer Republik. Köln: Pahl-Rugenstein Verlag 1982.
[6] Schlenstedt, Dieter: Die Reportage bei Egon Erwin Kisch. Berlin (Ost): Rütten & Loening 1959. Und: ders.: Kisch. Sein Leben und Werk. Berlin (West): Verlag Das europäische Buch 1985.
[7] Queißer, Günter: Die Komposition der Kisch-Reportage. Diss. masch. Leipzig: 1963.

genstand angesehen werden. Wichtig für diese Studie ist somit lediglich die Fragestellung nach den *literarischen* Mitteln, mit denen Kisch versuchte, die klassische *journalistische* Form der Reportage im Laufe der Zeit in den Dienst einer möglichst wirkungsvollen kulturellen und politischen Agitation für die Verwirklichung seiner Idealvorstellung einer Welt zu stellen, die keine Ausbeutung und Unterdrückung breiter Bevölkerungsschichten duldet. Darüber hinaus soll diese Studie nicht die Funktion erfüllen, system-ideologische Kritik zu üben. Vielmehr wird gezeigt, dass Kisch ein kommunistischer aber kein Parteischreiber war. Die Art und Weise wie Kisch seine Reportagetechnik zu einer schriftlichen Form entwickelte, mit der er es schaffte, soziale Themen mit der größtmöglichen Relevanz darzustellen, dies zu zeigen, soll das Ziel dieser Studie sein.

1.2 Forschungssituation / Rezeption E. E. Kischs im geteilten Deutschland

Vor dem Zweiten Weltkrieg war Egon Erwin Kisch als *rasender Reporter* über die Grenzen Europas hinaus bekannt geworden. Nach Kriegsende geriet sein Name jedoch schnell in Vergessenheit, selbst innerhalb Deutschlands und hier speziell in der Bundesrepublik. Dass er Jude und Kommunist war, erschien den westdeutschen Publizisten und Literaturhistorikern der Nachkriegsjahre anscheinend zu problematisch, um sich dem Werk Kischs anzunähern. Siegel spricht in diesem Zusammenhang von *„antikommunistische[r] Boniertheit"*, er sieht Kischs Arbeit *„verfemt"*.[8] In der DDR wurden seine Werke hingegen weiter verlegt und auch gewürdigt.[9] Hier unterzog Dieter Schlenstedt den Reportagen Kischs einer ersten literaturwissenschaftlichen Untersuchung. In „Die Reportage des Egon Erwin Kisch", 1959 veröffentlicht, versucht er die Schriften literarisch einzuordnen. Er kommt zu dem Ergebnis, dass die Reportage ein Mischgenre zwischen *„wissenschaftlicher Darlegung und künstlerischer Gestaltung"*[10] ist. 1963 folgte Günter Queißers nicht veröffentlichte Dissertation über die „Kompositionstechnik der Kisch-Reportage", die Kischs Werk leninistische Parteilichkeit unterstellen will. Was Queißer in seiner Einleitung mit bereits *„[vorliegenden] ausführlichen Biografien über Kisch"*[11] meint, ist nicht nachzuvollziehen. Einen ersten ausführlichen biografischen Versuch stellt erst Christian Ernst Siegels Arbeit „Egon Erwin

---

[8] Siegel, C.: Die Reportage. S. 121.
[9] Zu Kischs 70. Geburtstag erschien eine Sammlung an wohlwollenden, größtenteils wissenschaftlich unbrauchbaren Reden über den Reporter: Kisch-Kalender. Hrsg. von F[ranz] C[arl] Weiskopf. 2. Auflage. Berlin (Ost): Aufbau-Verlag 1956.
[10] Schlenstedt, D.: Reportage Kisch. S. 77.
[11] Queißer, G.: Komposition. S. 3.

Kisch: Reportage und politischer Journalismus" (1973) dar. Gleichzeitig ist sie der erste große wissenschaftliche Beitrag zu diesem Thema in der Bundesrepublik. Wie schon Schlenstedt und Queißer vertritt Siegel die These der Wandlung Kischs vom bürgerlichen zum marxistisch-revolutionären Autor. Auch die 1982 publizierte Magisterarbeit Rudolf Geisslers „Die Entwicklung der Reportage Egon Erwin Kischs in der Weimarer Republik" baut darauf auf.

Die Phasen der Entwicklung Kischs variieren dabei in der Forschungsliteratur und werden teilweise unterschiedlich gesetzt. Queißer nimmt eine Einteilung in drei Phasen vor: Die Erste setzt er noch vor dem Ersten Weltkrieg an, in der er in Kisch einen Autor sieht, der seine Reportagen zum Amüsement eines bürgerlichen Publikums verfasste. In der zweiten Phase, Ende des Ersten Weltkriegs bis zur ersten Russlandreise 1925, hat der Reporter durchaus Interesse an sozialen Belangen gefunden, schreibt aber immer noch aus einer bürgerlichen Distanz heraus. Mit der Veröffentlichung von „Zaren, Popen, Bolschewiken" (1927) wird Kischs Entwicklung zum Autor im marxistisch-revolutionären Sinne als abgeschlossen angesehen. Siegel legt die bürgerliche Phase vor 1927. Auch er sieht den Wandel zum revolutionären Autor mit dem ersten Russlandreisebuch abgeschlossen. Eine dritte Phase, die jedoch für die Entwicklung zum marxistischen Reporter irrelevant ist, setzt er nach 1932; eine Zeit der Resignation bei Kisch, die infolge der Verfehlung eines proletarischen Publikums eingesetzt haben soll. Rudolf Geissler unterscheidet schließlich in vier Entwicklungsstufen. Erstens: Ein sich selbst zur Objektivität verpflichtender Reporter, ohne einen bestimmten Adressaten für seine Reportagen („Der rasende Reporter", 1924; und: „Hetzjagd durch die Zeit", 1926). Zweitens: Ein rebellischer, aber noch nicht revolutionärer Reporter, der den Proletariern thematisch nahe steht, dem aber der Historische Materialismus noch fremd ist („Wagnisse in aller Welt", 1927). Drittens: Kisch als vor allem stilistisch gereifter Autor, der sein Material nicht mehr zu kommentieren braucht („Paradies Amerika", 1930). Und viertens: Der marxistisch-revolutionär, operativ agierende Reporter („Asien gründlich verändert", 1932).

Die These von Kischs Wandlung erhält jedoch nicht nur Zustimmung in der Forschung, an ihr wird durchaus Kritik geübt. Manfred Jäger sieht den Autor durch die DDR-Forschung (er nennt hier vor allem Schlenstedt) vereinnahmt, die ihm aus leicht zu durchschauenden ideologischen Gründen eine Biografie als marxistischer Revolutionär aufdränge.[12] Was Jäger allerdings schlicht übersieht oder übersehen will, ist, dass sowohl Siegel als auch Geissler dieselben Positionen vertreten, aber in der Bundesrepublik.

---

[12] Vgl. Manfred Jäger: Das Klischee einer exemplarischen „Entbürgerlichung". In: Text + Kritik. Zeitschrift für Literatur. Heft 67 (1980). S. 27 - 34.

Kisch erlebte in den 1970er Jahren demzufolge durchaus eine Rehabilitation und auch eine kleine *Renaissance* unter den westdeutschen Literaturwissenschaftlern. Die bisher einzige Gesamtausgabe seines Werkes veröffentlichte dennoch der Ost-Berliner Aufbau-Verlag, dessen Edition in Bezug auf die Zusammenstellung der einzelnen Reportagen und Reportagebände zum Teil kritisch gesehen werden muss. Die beiden Herausgeber, Bodo Uhse und Kischs Frau Gisela, ordneten die Schriften des Reporters chronologisch an. Somit fehlen mitunter in den einzelnen Bänden einige Reportagen, da Kisch sie bereits deutlich früher verfasste und die Texte an anderer Stelle des Gesamtwerkes erscheinen. Dadurch wird die thematisch kompositorische Harmonie einiger Bände erheblich gestört.[13] In der bundesdeutschen Öffentlichkeit erlangte Kisch und sein Werk schließlich aufgrund der Stiftung des *Egon-Erwin-Kisch-Preises* durch den *Stern*-Gründer Henri Nannen im Jahr 1977 wieder größere Bekanntheit. Seit 2005 ist der vom *Stern* vergebene Journalisten-Preis allerdings nach Nannen benannt. Die Kategorie *Beste Reportage*, bei der soziale Themen bevorzugt prämiert werden, trägt noch den Namen Egon Erwin Kischs.

Mit „Kisch: Sein Leben und Werk" legte Schlenstedt, 1985 veröffentlicht in Ost und West, die Ergebnisse jahrzehntelanger Forschungen vor. Jutta Jacobi sieht Schlenstedt im Gegensatz zu seiner früheren Arbeit mit größerer *„Behutsamkeit und Differenziertheit"*[14] vorgehen. Nach der Wende veröffentlichte Marcus G. Patka mit seinen beiden Biografien zu Kisch den bisher am vollständigsten rekonstruierten Lebenslauf des Reporters.[15] Patka stellte hiermit auch die bis dato umfangreichste Bibliografie über Kischs Oeuvre und der zu ihm erschienenen Sekundärliteratur zusammen. Verwunderlich ist das scheinbare Desinteresse der Biografen an Kischs jüdischer Herkunft. Zwar ging auch Kisch selbst nie ausführlich auf dieses Thema ein, dennoch gibt es Reportagen mit Bezügen zum Judentum (u. a. „Dem Golem auf der Spur" und „Jiddisches Literaturcafé" im Band „Der rasende Reporter"). Zudem musste er, weil er Kommunist *und* Jude war, vor den Nazis ins Exil fliehen. Kischs Familie war direkt vom Holocaust betroffen. Seine Brüder Arnold, im KZ Lodz 1942, und Paul, im KZ Theresienstadt 1944, fielen dem Nazi-Regime zum Opfer. Aufgrund dieser Tatsachen ist zu vermuten, dass wissenschaftliche Untersuchungen über Kischs Verhältnis zum Judentum aufschlussreiche und anregende Ergebnisse liefern würden.

---

[13] Vgl. Jutta Jacobi: Journalisten im literarischen Text. Frankfurt am Main: Verlag Peter Lang 1989. S. 116.
[14] Ebd. S. 228.
[15] Patka, Marcus G.: Egon Erwin Kisch. Stationen im Leben eines streitbaren Autors. Wien, Köln und Weimar: Böhlau Verlag 1997. Und: Der rasende Reporter Egon Erwin Kisch. Eine Biographie in Bildern. Hrsg. von ders. Berlin: Aufbau-Verlag 1998.

1.3 Reisebericht und Reportage / Gegenwärtiger Zustand eines operativen Genres

Als Kisch am Anfang des 20. Jahrhunderts seine ersten Reportagen verfasste, fand dieses noch sehr junge Genre vor allem über Zeitungen und Zeitschriften sein Publikum. Ab den 1920er Jahren veröffentlichten mehr und mehr Autoren ihre Reportagen auch in Buchform. Im Umfeld der Neuen Sachlichkeit traf dieses Genre nun auf großes Interesse bei den Lesern, allerdings waren die Publikationen von sehr unterschiedlicher Qualität. Kurt Tucholsky verurteilt die Flut an Neuerscheinungen: *„Lieber Egon Erwin Kisch, was haben Sie da angerichtet! Sie sind wenigstens ein Reporter und ein sehr guter dazu – aber was nennt sich heute nur alles ‚Reportage'. Es ist völlig lächerlich.“*[16] Es gab kaum einen Autor dieser Zeit, der sich nicht zumindest an der Form versuchte, auch Tucholsky selbst schrieb Reportagen. Neben ihm und Kisch waren u. a. Max Winter und Heinrich Hauser weitere populäre Vertreter. Die Liste ließe sich noch fortführen, aber im Gegensatz zu Kisch verstanden sich die wenigsten der Autoren hauptsächlich als Reporter.

Die Arbeitsmethode eines Berichterstatters beschreibt Walther von La Roche: *„Der Reporter schildert, was er sieht und erfährt, notiert sich bezeichnende Einzelheiten [...] und schreibt in der Redaktion nieder, was er (das meint das französische Wort r e p o r t e r) zurückgebracht hat.“*[17] Dieses Vorgehen ist jedoch nicht neu. Ihren direkten Vorgänger und methodische Entsprechung in der Literatur hat die Reportage im *Reisebericht*. Die Tradition geht zurück bis zu den Werken von Alexander von Humboldt („Die Reise nach Südamerika“, 1799 - 1801), Johann Wolfgang von Goethe („Italienische Reise“, 1786 - 88) oder Georg Forster („Reise um die Welt“, 1778). Kisch sieht die Ursprünge der (sozialen) Reportage ebenfalls im 18. Jahrhundert, er nennt hier den französischen Enzyklopädisten Denis Diderot als Vorbild.[18] Reiseerfahrungen wurden gerne in Reportagen verarbeitet, doch waren sie längst nicht deren alleiniger Gegenstand. Vielmehr zeichnet sich das Genre durch große thematische Vielfalt aus. Grundlage bleibt aber immer eine faktisch belegbare Beobachtung, und somit die Dokumentation eines Wirklichkeitsausschnittes:

---

[16] Tucholsky, Kurt: Die Reportahsche. In: Kurt Tucholsky. Gesamtausgabe. Bd 14: Texte 1931. Hrsg. von Sabina Becker. Reinbek bei Hamburg: Rowohlt Verlag 1998. S. 39.
[17] La Roche, Walther von: Einführung in den praktischen Journalismus. 16., völlig neu bearbeitete Auflage. München: List Verlag 2003. S. 139.
[18] Vgl. EEK: Soziale Aufgaben der Reportage. In: GW IX. S. 9.

„Der Stoff muß interessant sein; er kann Sensationscharakter tragen (Enthüllungsreportage). Fremde Länder, das Ferne und Exotische können ebenso Stoffe liefern (Reisereportage) wie das Interessierende, vielleicht auch Aufregende im nächsten Umkreis (Lokal-, Polizei-, Gerichtsreportage), aber auch das ganz Unscheinbare, Alltägliche, insofern es sich als problemhaltig entpuppt (Sozialreportagen, Reportagen aus der Arbeitswelt). Interessant ist ein Stoff immer, wenn sein Angelpunkt das Menschliche ist; dem entspricht die alte Forderung des angloamerikanischen Journalismus: show the human side of life. "[19]

Während seiner Prager Zeit schrieb Kisch viele Lokal- und Gerichtsreportagen, später als Buchautor widmete er sich ausgiebig sozialen Themen. Für das Kritisieren von Missständen scheint die Form der Reportage prädestiniert zu sein. Der Autor benötigt in der Regel nur wenige Seiten um seinen Gegenstand klar und deutlich darzulegen und kann zeitnah (erst recht bei einer Veröffentlichung in Zeitung oder Zeitschrift) auf Ereignisse reagieren. Ein frühes Beispiel für die operativen Möglichkeiten des Genres, also der Einflussnahme auf gesellschaftliche Vorgänge, ist der von der Reportagetechnik stark geprägte Roman „The Jungle" von Upton Sinclair.[20] Der US-Amerikaner Sinclair beschreibt in dem 1906 erschienenen Werk die Ausbeutung der Arbeiter und die schlechten hygienischen Bedingungen in den Schlachthöfen und Konservenfabriken Chicagos. Nach einem öffentlichen Aufschrei aufgrund dieser Enthüllungen, beschloss die Regierung der Vereinigten Staaten noch im selben Jahr den *Pure Food and Drug-* sowie den *Meat Inspection Act.*[21]

Kisch schaffte es als Persönlichkeit, untrennbar mit seiner Profession des Reporters verbunden, für bestimmte ideelle Werte, wie die soziale Gerechtigkeit, in der Öffentlichkeit einzustehen. Im deutschsprachigen Raum gab es in den vergangenen sechs Jahrzehnten nach dem Tode Kischs lediglich in Günter Wallraff einen Reporter, der ähnlich öffentlichkeitswirksam agierte und in dessen Werk *„zum ersten Mal seit den Arbeiten Egon Erwin Kischs, wieder Ansätze einer systematischen Reportagekonzeption [auszumachen waren]. "*[22] Wallraff bezieht sich in einigen seiner Schriften direkt auf Kisch und perfektionierte vor allem die Re-

---

[19] Karst, Theodor: Einleitung. In: Reportagen. Hrsg. von ders. Stuttgart: Philipp Reclam jun. 1976. S. 8. Vgl. Roderich Reifenrath: Die Blattmacher. Aus der Praxis der Journalisten. Berlin: Parthas Verlag 2006. S. 87f.
[20] Sinclair, Upton: The Jungle. New York: Doubleday, Page & Company 1906.
[21] Vgl. Erhard Schütz: Kritik der literarischen Reportage. München: Wilhelm Fink Verlag 1977. S. 103f.
[22] Geisler, M.: Reportage in Deutschland. S. 307.

cherche mithilfe des Verkleidens und Einschleichens.[23] Die übrigen Reporter arbeiten hingegen bis heute, trotz Autorenzeile, für die breite Öffentlichkeit anonym unter dem Deckmantel ihrer publizistischen Auftraggeber; zumal die wenigsten ausschließlich als Reporter und vielmehr als Redakteure eingesetzt werden.[24] Abseits der Printmedien in der Buchbranche, fristet das Reportagegenre ein Nischendasein und spielt aktuell kaum noch eine Rolle.[25]

Ein Blick über den Atlantik in die Vereinigten Staaten zeigt, dass auch anderes möglich war. Hier brachten vor allem die 1960er Jahre eine ganze Reihe von Reportern hervor, deren Personen für die Kritik an den herrschenden Verhältnissen standen. Seymour M. Hersh, Tom Wolfe, Hunter S. Thompson, Norman Mailer und Truman Capote seien hier genannt, die sich, bis auf Hersh, unter dem stilistischen Banner des *New Journalism* einordnen lassen. Wie Kisch, der sich gegen die in den 1920er Jahren vorherrschende *Tendenz-* und *Sensationspresse* mit seinem Werk stemmte, wandten sich auch die amerikanischen Reporter gegen die Regeln des Presseapparates. Sie sagten sich von der bis dato in Amerika verpflichtenden objektiven Schreibweise los und ersetzten diese durch eine subjektive Darstellung unter Verwendung literarischer Stilmittel. Aufgrund ihres szenischen Schreibens, eingefügten Dialogen sowie einer Ich-Perspektive, eigentlich alles Merkmale der fiktiven Literatur, hatten die Autoren aufgrund dessen zunächst einen schweren Stand bei den Kritikern. Auch einige deutsche Schriftsteller der Gegenwart, wie Alexander Osang oder Benjamin von Stuckrad-Barre, berufen sich bei ihren Reportagearbeiten auf diese amerikanische Strömung. Bei genauerer Betrachtung fällt allerdings auf, dass das angeblich *Neue* am *New Journalism* zumindest nicht grundlegend neu war. Denn all diese Besonderheiten findet man auch schon in Ansätzen bei den Reportagen Kischs und dessen Kollegen in der Weimarer Republik wieder.

Eine erneute Lektüre von Kischs Werken kann nicht nur formal aufschlussreich sein, sondern auch in Hinblick auf die in ihnen behandelten gesellschaftlichen Missstände. Die

---

[23] Wallraff, Günter: Kisch und ich heute. Über logische Phantasie. In: Die Zeit. Nr. 47 (11. 11. 1977). S. 43f. Und: ders.: Kisch ist Held, ich bin Opfer. Andere Gewichtung in Stil und Recherche. In: Vorwärts. 27. 04. 1985. S. 18.

[24] Eine kritische Reflexion über das westdeutsche Pressewesen und den Arbeitsbedingungen der Reporter bietet Siegel in: Siegel, C.: Die Reportage. Im letzten Kapitel wird Kischs Reportertypus dem gemeinen deutschen Berichterstatter als Alternative gegenübergestellt.

[25] Zu den wenigen Neuerscheinungen gehört Thomas Brussigs „Berliner Orgie. Reportage-Roman" (München: Piper Verlag 2007). In der Kurzbeschreibung heißt es: *„Im Stil eines literarischen Flaneurs [sic!] stellt Thomas Brussig viele Fragen, die wir nie zu fragen wagten, und erfährt von Menschen, Leidenschaften, Begierden und Wünschen, die sich noch immer mit der Prostitution verbinden."* Mögliche Zwangsprostitution, Menschenhandel und schlechte Arbeitsbedingungen der Prostituierten, trotz staatlicher Anerkennung ihres Berufs, scheinen Brussig nicht zu interessieren. Oder wie Tucholsky schon 1931 ironisch anmerkte: *„Der richtige Reportage-Roman ist im Präsens geschrieben und so lang wie ein mittelkräftiger Bandwurm. Der romancierende Reporter nimmt sich ein Milijöh vor, und das bearbeitet er. Das kann man nun endlos variieren, aber es ist immer dasselbe Buch. Nicht die Spur einer Vertiefung, nichts, was man nicht schon wüßte, bevor man das Buch angeblättert hat, keine Bewegung, keine Farbe – nichts."* (Tucholsky. Gesamtausgabe. Bd. 14. S. 39)

Gründe für Armut, bewaffnete Auseinandersetzungen oder das Auseinanderklaffen sozialer Klassen mögen sich geändert haben, doch wie man darauf kritisch reagieren und somit eine Öffentlichkeit sensibilisieren kann, zu diesem Zwecke kann die Rezeption von Kischs Reportagen auch heute noch lehrreich sein.

2. E. E. Kisch / Weimarer Republik

2.1 E. E. Kisch 1906 - 1918: Reporter, Kommunist, Rotgardist

„Im Ursprung war der Kommunismus von 1918 ein ‚militanter Pazifismus', eine ‚Nie-wieder-Krieg'-Bewegung, ein Hass auf die Kriegstreiber bzw. das Nebeneinander von Champagnerorgien und verhungernden Kriegskrüppeln",[26] schreibt Patka. Den Ersten Weltkrieg bekam Kisch am eigenen Leib zu spüren. Im März 1915 wurde Kisch, zu diesem Zeitpunkt 29 Jahre alt, schwer verwundet. Eine Granate verletzte ihn am Kopf. Zuvor erlebte er den Schrecken des Krieges direkt an der Front, im Dienste der kaiserlichen und königlichen Armee. Zunächst als Korporal in Serbien, später dann in Russland. Bereits 1914 fiel dort Kischs Bruder Wolfgang. Nach einer längeren Phase der Genesung und der Einstufung als *felddienstuntauglich* wurde Kisch im Frühjahr 1917 ins Kriegspressequartier nach Wien abkommandiert. Er kam in der Redaktionsgruppe zum Einsatz, anscheinend jedoch nicht als Kriegsberichterstatter. Der unkritische und mit der Heeresführung gleichgeschaltete Presseapparat erfüllte ihn mit Grauen. In seinen Memoiren „Marktplatz der Sensationen" schrieb Kisch später:

„Das, was wir hier ununterbrochen erleben, heißt Krieg. Auch über den Krieg erscheinen Berichte in den Zeitungen, wahrlich genug. Aber alles ist falsch und entstellt. Mich beschäftigt die Frage: Hätte ich als Kriegsberichterstatter auch solche Geschichten geliefert? Zwischen mich und meinen alten Beruf hat sich eine Distanz geschoben. Ich sehe jetzt anders. Mein journalistisches mit meinem soldatischen Auge vereint, ergeben ein plastisches Bild der Dinge."[27]

Die Erlebnisse des Ersten Weltkriegs veränderten Kisch in seiner politischen Meinung. Der auf Macht- und Profitmaximierung ausgerichtete Imperialismus hatte zu einer Katastrophe nicht gekannten Ausmaßes geführt. Die deutschen Sozialdemokraten verspielten für ihn ihr Ansehen, als sie 1914 für die Kriegskredite stimmten. Als Vorbilder dienten Kisch nun Rosa Luxemburg und Karl Liebknecht. 1918 wurde er Angehöriger des illegalen Soldatenrats in Wien, der sich am Januarstreik beteiligte; im gleichen Jahr schloss sich Kisch dort den kommunistischen Roten Garden an. Hier war er zeitweise der Vorsitzende des Soldatenrates.

---

[26] Patka, M.: Nachwort. In: Kisch in Bildern. Hrsg. von ders. S. 277.
[27] EEK: Ein Reporter wird Soldat. In: GW VII. S. 315. Vgl. M. Geisler: Reportage in Deutschland. S. 254.

Nach Abdankung des Kaisers nahm Kisch am Putsch der Kommunisten teil. Das Unterfangen war jedoch nicht von Erfolg gekrönt. Frustriert von der Politik verlegte Kisch seine Haupttätigkeit wieder auf das Schreiben.

Bereits vor dem Krieg hatte er sich als Reporter einen Namen gemacht. Kisch besuchte 1905 die *Journalistenhochschule* in Berlin und begann im folgenden Jahr ein Volontariat beim *Prager Tageblatt*. Er wurde Lokal-Reporter bei der *Bohemia* in Prag, einer deutschsprachigen Zeitung der bürgerlichen Schicht. Hier berichtete Kisch *„über das verachtete Milieu der Lumpenproletarier: das waren Huren, Wander- und Gelegenheitsarbeiter."*[28] Ab 1910 schrieb er im Feuilleton unter der Rubrik *Prager Streifzüge* über das städtische Nachtleben; zwei Anthologien dieser Texte erschienen 1912 und 1913.[29] Seine Ausflüge in die Prosa („Der freche Franz" und „Der Mädchenhirt")[30] und Lyrik („Vom Blütenzweig der Jugend")[31] blieben weitestgehend unbeachtet. Große Bekanntheit als Reporter erlangte Kisch erstmals mit der Aufdeckung der Spionage-Affäre um Oberst Alfred Redl.[32]

Der Weltkrieg radikalisierte Kisch, doch eher im rebellischen als im marxistisch-revolutionären Sinn. Zwar gebrauchte er als Redner der Roten Garde mitunter marxistische Wendungen, die allerdings unfreiwillig in Plattitüden verblieben.[33] Mitglied der Kommunistischen Partei wurde der Reporter erst 1919 in Österreich und schließlich 1925 in Deutschland. Ein Teil der Forschung vertritt die Meinung, dass Kischs Bekenntnis zum Kommunismus mehr ideeller Natur war, als dass er die Intention hatte parteigebunden agieren zu wollen. Erhard Schütz schreibt dazu: *„Überblickt man Kischs Leben, soweit rekonstruierbar, dann gilt wohl am ehesten, daß er Kommunist w u r d e, weil er den Imperialismus erfuhr, daß er danach Kommunist b l i e b, weil er Antifaschist war – daß er seinen Lebensunterhalt aber nicht damit bestritt, Kommunist zu sein, sondern R e p o r t e r."*[34] Kisch thematisierte nie das Werk von Marx oder Engels, nie das von Lenin oder Stalin. Worüber er jedoch mit Bewunderung schrieb, vor allem in seinen beiden Russlandreisebüchern, war der sowjetische Versuch eine Gesellschaft aufzubauen, die jenseits der Spielregeln des am Kapital und Macht orientierten

---

[28] Siegel, Christian Ernst: Reporter. Schriftsteller der Wahrheit. In: Text + Kritik. Zeitschrift für Literatur. Heft 67 (1980). S. 16.
[29] Die Bände „Aus Prager Gassen und Nächte" und „Prager Kinder" von Kisch sind enthalten in: GW II/1.
[30] Kischs Novellensammlung „Der freche Franz" (1906) ist enthalten in: GW XII. Und: Kischs Roman „Der Mädchenhirt" (1914) ist enthalten in: GW I.
[31] Kischs einziger Lyrik-Band „Vom Blütenzweig der Jugend" (1905) ist enthalten in: GW XII.
[32] Kisch bearbeitete den Stoff mehrmals. Eine Reportage, „Der Fall des Generalstabchefs Redl", findet sich in: GW II/2. S. 132 - 177.
[33] Siegel arbeitet eindrücklich Kischs Kriegsjahre und seine politischen Aktivitäten heraus. Besonders das Kapitel „Die Revolution in Wien" ist zu beachten. In: Siegel, C.: E. E. Kisch. S. 190 - 203.
[34] Schütz, Erhard: Moral aus der Geschichte. Zur Wahrheit des Egon Erwin Kisch. In: Text + Kritik. Zeitschrift für Literatur. Heft 67 (1980). S. 40.

Imperialismus / Kapitalismus funktionieren sollte, welchen Kisch in seiner unmenschlichsten Ausprägung auf dem Schlachtfeld erleben musste. Bruno Frei merkt zum Verständnis, das Kisch vom Marxismus hatte, an:

„Kisch war kein Buchmarxist, er schrieb nicht über Marx, er schrieb marxistisch. Jede seiner Reportagen ist ein Stück ‚marxistischer’ Enthüllung. Absichtlich vernebelte Wirklichkeiten werden durchleuchtet, Dinge durchsichtig gemacht, sie mit ihrer Vergangenheit verbunden, in ihre Zukunft gestellt, in ihrer Prozeßhaftigkeit beschrieben – das eben heißt ‚marxistisch’ schreiben. Das ist Kisch.“[35]

2.2 Kultur und Politik in der Weimarer Republik / Der Kapitalismus des Henry Ford

Kisch bevorzugte sozialrelevante Themen in seinen Buchreportagen. Nicht exotische Ortschaften oder sensationelle und einmalige Ereignisse, wie sie sonst für den Gegenstand der Reportage größtenteils üblich waren, interessierten ihn. Das Alltägliche, das Konstante, das Gleichbleibende und somit anscheinend Fundamentale einer Gesellschaft fand hingegen seine Beachtung. *„Nichts ist verblüffender als die einfache Wahrheit, nichts ist exotischer als unsere Umwelt, nichts ist phantasievoller als die Sachlichkeit“*,[36] heißt es im Vorwort zu „Der rasende Reporter“. Bevor in dieser Studie Kischs Werke näher betrachtet werden, erscheint es sinnvoll, zunächst die politischen und kulturellen Verhältnisse in der Weimarer Republik zu beschreiben, um somit einen Überblick über die Gesellschaft zu geben, in der die Schriften entstanden sind, auf denen der Schwerpunkt dieser Studie liegt.

Sich auf die politische und kulturelle Situation der Weimarer Republik beziehend, schrieb Gottfried Benn 1928:

„The entire German literature since 1918 is working under the slogan of tempo, jazz, cinema, overseas, technical activity by emphasizing the negation of an ensemble of psychic problems. The influence of Americanism is so enormous, because it is analogous in certain tendencies with other currents forming the young German today: Marxism, the materialistic philosophy of history, the purely animalistic doctrine, Commu-

---

[35] Frei, Bruno: Zweimal Kisch. In: Text + Kritik. Zeitschrift für Literatur. Heft 67 (1980). S. 11.
[36] EEK: Vorwort „Der rasende Reporter“. In: GW V. S. 660.

nism, whose common attacks are directed against the individualistic and the metaphysical being."[37]

Benn misst an dieser Stelle dem Amerikanismus eine ähnliche Bedeutung wie dem Kommunismus zu. Die Weimarer Republik stand nicht nur unter dem Einfluss neuer Massenmedien aus Übersee, wie Kino und Radio, sondern auch in Politik und Wirtschaft kam Amerika ein enormes Gewicht zu.

Nach der Novemberrevolution startete die junge Weimarer Republik zunächst mit erheblichen Problemen. Die Reparationsforderungen des *Versailler Vertrages* verlangsamten die wirtschaftliche Erholung. In den Nachkriegsjahren lebten große Teile der Bevölkerung am Existenzminimum. Die Hyperinflation der frühen 1920er Jahre traf vor allem die kleinbürgerliche Schicht und bedeutete für sie praktisch eine finanzielle Enteignung. Besserung brachte erst der *Dawes-Plan* von 1924, mit dem die Reparationszahlungen der wirtschaftlichen Leistungsfähigkeit der Weimarer Republik angepasst und eine Überforderung somit verhindert wurde. Zugleich belebte eine aufgelegte internationale Anleihe die Wirtschaft. In Deutschland kam es zum konjunkturellen Aufschwung und die sogenannten *Goldenen Zwanziger* brachen an. Die Folge war jedoch eine starke wirtschaftliche Abhängigkeit von den Vereinigten Staaten. Diese wurde offensichtlich bei der Weltwirtschaftskrise 1929, ausgelöst durch den *Black Thursday* an der amerikanischen Börse. Der darauf einsetzende Abzug von in Deutschland investierten Geldern verursachte den wirtschaftlichen Kollaps der Weimarer Republik.

Mitte der 1920er Jahre, als die Hyperinflation gerade überwunden und die Weltwirtschaftskrise noch nicht abzusehen war, musste der Kapitalismus amerikanischer Prägung in Deutschland wie die Rettung aus dem finanziellen und sozialen Fiasko erscheinen. Amerika galt als Land der unbegrenzten Möglichkeiten. Der Kapitalismus sollte die sozialen Schichten auflösen. Wohlstand für alle hieß die Losung. Ermöglicht werden sollte dies durch neue Technologien und Organisationsformen; so zumindest in der Vorstellung Henry Fords, die er in seinem Buch „Mein Leben und Werk" von 1923 beschreibt.[38] Ford, der Automobilfabrikant und Propagandist der antisemitischen „Protokolle der Weisen von Zion",[39] führte das

---

[37] Benn, Gottfried: (Ohne Titel). In: Gottfried Benn. Gesammelte Werke in acht Bänden. Bd 8: Autobiographische Schriften. Hrsg. von Dieter Wellershoff. München: Deutscher Taschenbuch Verlag 1975. S. 2218. Vgl. E. Schütz: Kritik der Reportage. S. 17.
[38] Ford, Henry: Mein Leben und Werk. 30. Auflage. Leipzig: Paul List Verlag 1926.
[39] Ders.: The international Jew. The world's foremost problem. Being a repr[esentation] of a ser[ies] of articles appearing in The Dearborn Independent. Vol. 1 - 4. Dearborn, Mich.: The Dearborn Publ. Co. 1920 - 1922. – Eine Artikelsammlung aus Fords Zeitung *The Dearborn Independent*, in der von Mai bis Oktober 1920 eine Reihe von Schriften, die sich auf die „Protokolle der Weisen von Zion" berufen, erschienen.

Fließband als elementaren Bestandteil des Warenfertigungsprozesses ein. Mit dieser technologischen Neuerung ebnete er den Weg zur Massenproduktion und Konsumgesellschaft.

Zur gleichen Zeit als die deutsche Wirtschaft wieder an Schwung gewann, bildete sich eine Reihe von Künstlern unter der Bezeichnung der Neuen Sachlichkeit heraus. Die Neue Sachlichkeit stand für eine Stilrichtung in der Bildenden Kunst, aber auch in der Literatur und dem Film: *„Seit 1920, deutlicher dann seit 1922/23 war in der deutschen Malerei eine Wende zu Sachlichkeit und Gegenstandsbetontheit und darin eine Abkehr von den Visionen und Abstraktionen des Expressionismus aufgefallen. Es waren aber sehr verschiedene Richtungen dieser Kunst, die G. F. Hartlaub 1923 unter das sammelnde Programmwort ‚Neue Sachlichkeit' brachte.*"[40] Zwei Jahre später eröffnete Hartlaub, damaliger Direktor der Mannheimer Kunsthalle, die erste größere Ausstellung, die Kunstwerke vor allem deutscher Maler der jungen Kunstrichtung zeigte. Sie grenzte sich in ihrem Realismus und Nüchternheit vom vorangegangenen Expressionismus, bei dem die emotionale gegenüber der sachlichen Ebene klar dominierte, ab. Genaue Beobachtung, dokumentarische Exaktheit und Faktizität waren die differenzierenden Eigenschaften, die der Neuen Sachlichkeit zugeschrieben wurden:

> *„Sollte Kunst vormals ‚allein Ausdruck eines Inneren und Wesenhaften' sein, wollte man die Welt bislang ‚durch des Gefühls Intensität und Explosivkraft' inbrünstig erfassen, so prägte nun der ‚Trend zu den Sachwerten', zur betonten Darstellung von unmittelbar Erfahrbarem, zur naturgetreuen Abbildung, die Konzentration auf das Alltägliche, auch Banale [...]"*[41]

Dabei sollte erwähnt werden, dass Kisch sich nicht einfach einer neuen literarischen Mode anschloss. Kischs Programm der Dokumentation und Sachlichkeit hatte *„seine Quellen in den Jahren seit 1910"*.[42] Das Schaffen des Reporters wurde also aufgrund von formalästhetischen Entsprechungen der Neuen Sachlichkeit zugeordnet, ging einer *„allgemeiner[en] literarischen Zeitströmung"*[43] jedoch voran.

In der Literatur der Neuen Sachlichkeit nahm laut Schlenstedt die Reportage eine führende Rolle ein. Kisch sieht er sogar als bedeutendsten Vertreter.[44] Ein Blick in aktuelle literaturwissenschaftliche Nachschlagewerke zeigt, dass Kisch zwar genannt wird, allerdings nicht

---

[40] Schlenstedt, D.: Leben und Werk. S. 219.
[41] Geissler, R.: Entwicklung Kisch. S. 12f.
[42] Schlenstedt, D.: Leben und Werk. S. 217.
[43] Ebd.
[44] Vgl. ebd. S. 223f.

an erster Stelle. Und die Reportage wird in diesem Zusammenhang nur als eine Form von vielen, u. a. neben Roman, dokumentarisches Theater oder Zivilisations-Chanson, erwähnt. Kisch selbst sah den Begriff der Neuen Sachlichkeit und seiner auf das Dokumentarische und Faktische konzentrierten Bedeutung skeptisch. Mit Blick auf ältere Reporter bemerkte er: *„Wenn das die neue Sachlichkeit ist, dann ist es [...] k e i n e neue Sachlichkeit.“*[45]

Harald Olbrich sieht als zentrale Eigenschaften der Neuen Sachlichkeit *„[eine] bewußt forciert[e] Gegenstandstreue, nüchtern scharfer Blick, Orientierung auf das ,Alltägliche, Banale, auf unbedeutende und anspruchslose Sujets', auf die formale Isolierung der fragwürdig gewordenen Objekte, auf statischen festgefügten Bildaufbau, Bild als Detailmontage, als ,mosaikhafte Verbindung' von Erfahrungspartikeln“.*[46] Viele der genannten Merkmale findet man in Kischs Werken, die er in der Mitte der 1920er Jahre verfasste. Im folgenden Kapitel wird gezeigt inwieweit die beiden Reportagebände dieser Zeit („Der rasende Reporter“ und „Hetzjagd durch die Zeit“) im Einfluss der Neuen Sachlichkeit standen.

---

[45] EEK: Über Alfons Paquet. In: GW IX. S. 146.
[46] Olbrich, Harald: Die „Neue Sachlichkeit“ im Widerstreit der Ideologien und Theorien zur Kunstgeschichte des 20. Jahrhunderts. In: Weimarer Beiträge. Heft 12 (1980). S. 67. Vgl. D. Schlenstedt: Leben und Werk. S. 219.

3. Phase I: Der „tendenzlose" Reporter

Kisch schrieb wenige Artikel, die sich ausschließlich mit der Theorie der Reportage befassten. Selten analysierte er in Buch- oder Zeitschriftenaufsätzen sein eigenes Schaffen. Eher dienten Kisch seine Artikel, in denen er das Werk seiner Vorbilder, wie Émile Zola oder John Reed, oder von ihm verachteter Journalisten, z. B. Henry Stephan Oppert de Blowitz, behandelte, als Anlass, seine Ansichten über die Reportage darzulegen. Im folgenden Kapitel stehen drei Schriften Kischs im Vordergrund. In erster Linie der Artikel „Wesen des Reporters"[47] (1918) und das Vorwort des Bandes „Der rasende Reporter"[48] (1924), ferner wird auch „Dogma von der Unfehlbarkeit der Presse"[49] (1918) untersucht. Im Vergleich dieser Texte soll eine Reportagetheorie Kischs herausgearbeitet werden.

Das sich anschließende Kapitel, „Neusachlicher Flaneur und oberflächliches Interesse am Proletariat", untersucht den Reportageband „Der rasende Reporter" und setzt ihn in Verbindung mit den theoretischen Schriften. Diese entstanden größtenteils im gleichen Zeitraum wie die Texte der Anthologie. Ziel ist es, zu zeigen, dass Kischs theoretische Ansichten, die er zu dieser Zeit formulierte, Unstimmigkeiten aufweisen und teilweise im Widerspruch mit der *Praxis* seiner eigenen Reportagen stehen.

So kritisiert er mehrfach die *Sensationspresse*, die nur auf spektakuläre Einzelfälle aus sei, bedient mit seinen Reportagen jedoch selbst die Sensationslust des Publikums. Zwar stehen bei ihm nicht die Reichen und Schönen im Mittelpunkt, dafür jedoch deren Gegenbild: die Armen und Ausgestoßenen. Ursachenforschung betreibt Kisch selten, vielmehr ergibt er sich in der Präsentation von beliebigen Ereignissen. Zudem schaut er in seinen Reportagen mehrfach ironisch auf die *Outcasts* hinab; von einem emotionalem Interesse am Objekt kann noch nicht die Rede sein. Vielmehr hatte er als Adressat der Reportagen wohl das Bürgertum anvisiert, welches Kisch mehr unterhalten als für soziale Themen sensibilisieren wollte; statt Sensationen lieferte er sozusagen *Negativ-Sensationen*. Darüber hinaus fällt auf, dass eine selektierende Darstellung teilweise durch das einfache Aufzählen gesammelter Fakten ersetzt wird. Vor allem hieran erkennt man die Nähe des Reporters zu der damaligen Strömung der Neuen Sachlichkeit.

---

[47] EEK: Wesen des Reporters. In: GW XIII. S. 205 - 208.
[48] EEK: Vorwort „Der rasende Reporter". In: GW V. S. 659 - 660.
[49] EEK: Dogma von der Unfehlbarkeit der Presse. In: GW II/1. S. 208 - 216.

3.1 Theoretische Artikel Kischs 1918 - 1924: „Logische Phantasie" und das Postulat der Objektivität

3.1.1 „Wesen des Reporters"

Kisch beginnt seinen Artikel „Wesen des Reporters" mit einer Definition und Ehrerrettung des Berichterstatters: *„Jeder gute Journalist ist Reporter: [...] Ohne zu reportieren, das heißt, ohne das meritorische und (für die Behandlung des Stoffes) wichtige Material herbeizuschaffen, gibt es keine geistige Behandlung des Stoffes. Auch für den Gelehrten, für den Dichter nicht. "[50]* Auch Émile Zola und Gustave Flaubert seien für die Recherche ihrer Werke umhergereist, denn *„jeder Schriftsteller, auch der Nichtrealist, bedarf der Milieustudie, und jede Milieustudie ist Reportage. "[51]* Hier stellt Kisch mit einem Handstreich den Reporter / Journalisten auf eine Stufe mit dem Schriftsteller / Künstler. In diesem Zusammenhang sieht Kisch den schlechten Ruf des Reporters als ungerechtfertigt. Er wehrt sich dabei nicht gegen das Bild, welches anscheinend die Öffentlichkeit dieser Zeit vom Berichterstatter als *Schmock* hat,[52] sondern ausschließlich gegen die Denunzierung durch andere Journalisten, die auf *„eine kolossale Überschätzung des Leitartikelschreibers, des Kunstrezensenten, des Verfassers nationalökonomischer Artikel und besonders des feuilletonistischen Plauderers "[53]* zurückzuführen sei.

Dabei ist jedoch *„immer die Arbeit des Reporters die ehrlichste, s a c h l i c h s t e, wichtigste. [...] Er mag übertreiben, unverlässliche Nachrichten bringen – dennoch ist er immer von der T a t s a c h e abhängig, immer von der S a c h l i c h k e i t, immer ist ein Patrouillengang, ein Weg, ein Gespräch oder ein Anruf die Grundlage selbst der kleinsten Notiz. "[54]* [Hervorhebung von M.S.] Hiermit stellt Kisch den Reporter über andere Journalisten, denn diese bewegen sich aus ihrem Büro nicht fort und verlassen sich auf Informationen *„aus zweiter Hand".[55]* Sie schreiben somit aus einer physischen und psychischen Distanz zum Thema. Der Reporter jedoch ist immer nah beim Geschehen: *„Die Ergebnisse der Recherche*

---

[50] EEK: Wesen des Reporters. In: GW XIII. S. 205.
[51] Ebd.
[52] *Schmock* ist eine veraltete Bezeichnung eines Zeitungsschreibers, der jede Meinung vertritt, wenn man ihn dafür bezahlt. Ursprünglich der Name einer Figur aus Gustav Freytags Lustspiel „Journalisten" (1853). Kisch geht auf die Nachhaltigkeit dieses Bildes in der deutschen Öffentlichkeit selbst ein: Vgl. EEK: Dogma von der Unfehlbarkeit der Presse. In: GW II/1. S. 211f.
[53] EEK: Wesen des Reporters. In: GW XIII. S. 205.
[54] Ebd. S. 205f.
[55] Ebd. S. 206.

sind aus erster Hand, sind aus dem Leben."[56] Als Gegenpart des Reporters erscheint Kisch der Feuilletonist. Für diesen Schreiber stehe nicht die Relevanz der Thematik und Gewichtung der Fakten im Vordergrund seiner Arbeit:

> *„Der Plauderer, der schlechteste Feuilletonist wird Tatsachen unterdrücken; kann er*
> *dies nicht, so gibt er wenigstens den Anschein, daß er sie nicht g e n a u wisse [...]*
> *Derartige Unterschlagungen und absichtliche Ungenauigkeiten sind noch schimpfli-*
> *cher als das Protzen mit Informiertheit, das sich in der wahllosen, unorganischen An-*
> *häufung unverarbeiteter Fakten und Zitate kundtut.*"[57]

Bereits 1917 veröffentlichte Kisch eine Satire, die aus der Sicht des Feuilletonredakteurs die Entstehung eines Artikels behandelt.[58] Dieser beschreibt akribisch Belanglosigkeiten (Annoncen in der Tageszeitung), häuft nutzlose Fakten an (u. a. verschiedenste Bezeichnungen für Zuchtschweine) und bricht schließlich das Feuilleton unvermittelt ab, da ihm eine Frau dazwischen kommt.

Aber gerade das Auswählen und Anordnen von Fakten entsprechend ihrer Relevanz, sieht Kisch als unerlässlich für gute journalistische Arbeit an. Das bedeutendste Werkzeug des Berichterstatters sei nämlich seine Vorstellungskraft, die *„logische Phantasie"*, denn die Fakten, die der Reporter vor Ort sammelt, ergeben nie ein *„lückenloses Bild"*.[59] Um eine wahrheitsgetreue Darstellung zu gewährleisten, muss der Reporter, vermögend seiner *logischen Phantasie*, die einzelnen Tatsachen zu einer runden Geschichte zusammenfügen: *„Er muß die Pragmatik des Vorfalles, die Übergänge zu den Ergebnissen selbst schaffen und nur darauf achten, daß die Linie seiner Darstellung haarscharf durch die ihm bekannten Tatsachen (die gegebenen Punkte der Strecke) führt."*[60] Das angestrebte Ziel des Berichterstatters solle dabei sein, dass die *„gezogene Wahrscheinlichkeitskurve mit der wirklichen Verbindungslinie aller Phasen des Ereignisses zusammenfällt; erreichbar und anzustreben ist ihr harmonischer Verlauf und die Bestimmung der größtmöglichen Zahl der Durchlaufpunkte."*[61] Für Rudolf Geissler kommt der *logischen Phantasie* die Funktion eines *„literarischen Bindegewebes"* zu, *„das den auf nüchternen Fakten aufbauenden Text erst zu einer Reportage macht."*[62] Auch Queißer

---

[56] Ebd.
[57] Ebd. S. 206f.
[58] Vgl. EEK: Feuilleton. In: GW XIII. S. 196 - 200.
[59] EEK: Wesen des Reporters. In: GW XIII. S. 206.
[60] Ebd.
[61] Ebd.
[62] Geissler, R.: Entwicklung Kisch. S. 19.

sieht in der *logischen Phantasie* einen wichtigen Baustein der Kisch-Reportagen. Faktenabhängig seien auch andere journalistische Formen *„wie Bericht, Nachricht usw."*; von diesen Gattungen aber *„unterscheidet sich die Reportage durch die künstlerische Gestaltung."*[63] Der Rezipient soll *„nicht über ein Ereignis o.ä. lediglich informiert werden, er soll es selbst miterleben, soll aus der Art der Darstellung selbständig die Wesensseiten erkennen, emotional Anteil nehmen und zu Schlußfolgerungen gelangen. Dazu Bedarf die Reportage der künstlerischen Gestaltung."*[64] Kisch legitimiert somit den Reporter durch die *logische Phantasie* zur Benutzung literarischer Stilmittel. Er hat sich dennoch immer an die gegebenen Fakten zu halten, die für die Authentizität und den Wahrheitsgehalt des Dargestellten bürgen.

Mit dem Artikel „Wesen des Reporters" verfolgt Kisch mehrere Ziele: Zum einen werden der Aufgabenbereich des Berichterstatters und seine Recherchemethoden bestimmt; zum anderen will er den Ruf des Reporters aufwerten und rückt den Berichterstatter in die unmittelbare Nähe zum Schriftsteller und somit zum Künstler. Ebenfalls grenzt er ihn von anderen Journalisten, wie dem Feuilletonisten und Leitartikelschreiber, ab. Kisch erhebt sogar, anscheinend in der Umkehrung der bisherigen Situation, den Reporter über andere Journalisten. Dem Berichterstatter soll somit eine spezifische Position innerhalb des Presseapparates zugewiesen und seine gesellschaftliche Relevanz unterstrichen werden. Darüber hinaus gestattet die *logische Phantasie* dem Berichterstatter eine wirkungsvolle poetische Gestaltung seiner Reportagen. Die Definitionen, die Kisch gibt, sind mitunter ungenau formuliert und zudem fehlt es an erklärenden Beispielen. Er benutzt Begriffe wie *Tatsache*, *Sachlichkeit* oder *Wirklichkeit* mit einer solchen Absolutheit, als wisse er nicht um die Problematik der verschiedenen Standpunkte, die bei der Betrachtung von Fakten bezogen werden können. Gleiches findet sich auch im Vorwort zu „Der rasende Reporter", das ganz offensichtlich auf „Wesen des Reporters" aufbaut.

---

[63] Queißer, G.: Komposition. S. 32.
[64] Ebd.

3.1.2 Vorwort „Der rasende Reporter"

Kisch proklamiert im Vorwort die Tendenzlosigkeit als elementare Eigenschaft des Berichterstatters: *„Er hat unbefangen Zeugenschaft zu liefern, so verläßlich, wie sich eine Aussage geben läßt – jedenfalls ist sie (für die Klarstellung) wichtiger, als die geniale Rede des Staatsanwalts oder des Verteidigers."*[65] Sein Ziel kann also nicht sein, Partei zu ergreifen, anzuklagen oder in Schutz zu nehmen. Auch im Vorwort erwähnt Kisch, wie schon in „Wesen des Reporters", dass der Reporter dabei *„von den Tatsachen abhängig"* sei, *„er hat sich Kenntnis von ihnen zu verschaffen, durch Augenschein, durch ein Gespräch, durch eine Beobachtung, eine Auskunft."*[66] Bei der Verpflichtung zur Tendenzlosigkeit erstaunt erneut die Uneingeschränktheit der Forderung. Und so verwundert auch nicht Kurt Tucholskys Reaktion auf Kischs Forderung nach Objektivität:

„Das gibt es nicht. Es gibt keinen Menschen, der nicht einen Standpunkt hätte. Auch Kisch hat einen. [...] Vieles ist gut gesehen, fast alles ganz unbestochen. Aber wie ‚sachlich' man auch oder wie weit weg vom Thema man auch schreiben mag: es hilft alles nichts. Jeder Bericht, jeder noch so unpersönliche Bericht enthüllt immer zunächst den Schreiber, und in Tropennächten, Schiffskabinen, pariser Tandelmärkten und londoner Elendsquartieren, die man alle durch tausend Brillen sehen kann – auch wenn man keine aufhat –, schreibt man ja immer nur sich selbst."[67]

Ein anderes Verständnis auf das von Kisch Geschriebene ergibt sich, wenn man unter Berücksichtigung der persönlichen Erfahrungen des Reporters, seinen Objektivitätsbegriff, sein Bestehen auf die Standpunktlosigkeit, als Absage an die *Tendenzpresse* der Kriegsjahre versteht. In „Ein Reporter wird Soldat" beschreibt er seinen Eindruck vom Presseapparat während des Ersten Weltkriegs: *„Zum erstenmal sah ich die Begebenheiten von innen, die wichtiger waren als alle, die in der Presse erschienen. Daß nicht die wichtigen, sondern die belanglosen Begebenheiten in der Presse erschienen, war für mich selbst inmitten des unfaßbaren Grauens ein Stoff zum Nachdenken."*[68] Und auch Rudolf Geissler stellt fest: *„[I]m Kontext der historischen Erfahrungen Kischs heißt ‚nein' zur Tendenz jedoch Parteinahme gegen die*

---

[65] EEK: Vorwort „Der rasende Reporter". In: GW V. S. 659.
[66] Ebd. S. 660.
[67] Tucholsky, Kurt: Der rasende Reporter. In: Kurt Tucholsky. Gesammelte Werke in 10 Bänden. Bd 4: 1925 - 1926. Hrsg. von Mary Gerold-Tucholsky und Fritz J. Raddatz. Reinbek bei Hamburg: Rowohlt Taschenbuch Verlag 1975. S. 48f. Vgl. J. Jacobi: Journalisten im Text. S. 128.
[68] EEK: Ein Reporter wird Soldat. In: GW VII. S. 312. Vgl. J. Jacobi: Journalisten im Text. S. 117.

militaristische Propaganda der wilhelminischen Journaille – und ihrer Erben."[69] Kischs angebliche Standpunkt*losigkeit* lässt sich so als *Standpunkt* gegen all jene Journalisten verstehen, welche die Verzerrung der Wahrheit, also die Lüge, zur Nachricht erheben.

Doch nicht nur die Parteinahme für die falsche Sache problematisiert Kisch, auch die Lust nach Sensationen und die Hast nach Neuigkeiten werden kritisiert: *„Die Orte und Erscheinungen, die er [der Reporter, M.S.] beschreibt [...] müssen gar nicht so fern, gar nicht so selten und gar nicht so mühselig erreichbar sein.*"[70] Kisch spricht sich hier gegen ein Berichten über das Exotische und Einmalige aus und unterstreicht, dass vielmehr das Alltägliche beachtet werden sollte, da es *„von der Lüge unermeßlich überschwemmt ist".*[71] Der Reporter soll durch das Beobachten gesellschaftlicher Zustände die Prozesse im Hintergrund offen legen. Themen, die im herkömmlichen Sinne der Presse nicht *sensationell* sind, entwickeln demzufolge eine viel größere soziale Relevanz. Diese Problematik behandelte Kisch bereits im Artikel „Dogma von der Unfehlbarkeit der Presse". Dort merkt er zum Redakteur, der sich immer *„auf der Jagd nach der Nachricht, nach der Erst-Veröffentlichung"*[72] befindet, an: *„Die Notwendigkeit, immer schußbereit an der Schießscharte der Zeit zu stehen, bewirkt naturgemäß eine völlige Nichtachtung der Umwelt und eine Vereinseitigung des Bewußtseins [...] Er hat es verlernt, die Dinge in ihrer objektiven Ruhe zu sehen [...] und kommt um den Genuß ihres eigentlichen Inhalts.*"[73]

Zusammenfassend lassen sich folgende Eckpunkte von Kischs Reportagetheorie des Zeitraums 1918 bis 1924 festhalten: Der Reporter zeichnet sich durch Tendenzlosigkeit und Objektivität aus, aber nicht in dem Sinne, dass er neutral schreibt, sondern vielmehr um die Wahrheit bemüht ist und sich gegen Irreführungen wendet. Die Wahrhaftigkeit der Reportage ist gesichert durch das Berufen auf Fakten, die zuvor recherchiert und gesammelt werden. Für die Gewichtung und Anordnung der Tatsachen stellt Kisch dem Berichterstatter die Methode der *logischen Phantasie* zur Verfügung. Dem Reporter ist damit auch die poetische Gestaltung seiner Geschichte erlaubt, die trotzdem auf Tatsachen basieren muss. Bei der Wahl der Thematik verpönt Kisch das Besondere, das Einmalige der *Sensationspresse*. Sozialrelevante Themen finden sich für ihn nur im Alltäglichen und im Beständigen der Umwelt, denn diese konstatieren die Gesellschaft. Die Presse jedoch, so Kischs Vorwurf, rennt nur der belanglosen Sensation hinterher und ist blind gegenüber dem, was sich lohnt genauer betrachtet zu werden.

---

[69] Geissler, R.: Entwicklung Kisch. S. 21.
[70] EEK: Vorwort „Der rasende Reporter". In: GW V. S. 660.
[71] Ebd.
[72] Kisch über *Times*- und *Harper's Monthly Magazine*-Berichterstatter Oppert de Blowitz: Klassischer Journalismus. Die Meisterwerke der Zeitung. Hrsg. von EEK. München: Rogner & Bernhard 1974. S. 357.
[73] EEK: Dogma von der Unfehlbarkeit der Presse. In: GW VIII. S. 210.

Die Versuche, den Reporter von anderen Journalisten abzugrenzen und ihn in einem Atemzug mit dem Schriftsteller zu nennen, dienen dem Zweck, nicht nur dem Berichterstatter selbst, sondern vor allem seinem Erzeugnis, der Reportage, Anerkennung zu verschaffen.

Probleme, die sich aus Kischs Theorie ergeben, wurden bereits angesprochen. Vor allem die Vieldeutigkeit oder Ungenauigkeit einiger der verwendeten Begriffe muss kritisch betrachtet werden. Ein glatter Widerspruch ist es, wenn Kisch die Tätigkeit der Beobachtung und anschließenden Einordnung, also praktisch der Empirie, besondere Wichtigkeit zukommen lässt, und diese als das Fundament für die angestrebte Sachlichkeit sieht:

> *„[...] [M]an weiß längst und wußte es auch damals, wie groß die Illusion ist, daß gerade der empirische Weg stets der ‚sachlichste‘ sein müßte: Jede Empirie ist so tief mit theoretischem Gedankengut versetzt, daß man leicht bloß ‚mit Abstraktionen hantiert‘, während man [...] sich oft einbildet, mit ‚unleugbaren Tatsachen‘ zu operieren, wo man in der Tat ‚mit überkommenen Vorstellungen, mit größtenteils veralteten Produkten des Denkens‘ operiert.“*[74]

Über die *logische Phantasie*, der *„Voraussetzung für die selbständige, konstruierende Tätigkeit“* des Berichterstatters, teilt Kisch nicht vielmehr mit, *„als daß sie ‚wunderbar‘ ist.“*[75] Kischs Theorie leidet unter ihrer Schlichtheit und weist *„Leerstellen“* auf, *„die damit zu tun haben, daß aus der kleinen Theorie die Rolle des theoretischen Wissens und überhaupt des Vorwissens ausgeblendet war.“*[76] Daher wird im weiteren Verlauf dieser Studie auch zu prüfen sein, welche Schwierigkeiten in der Wirkungsweise der Reportagen sich aus dem undifferenzierten Postulat der Objektivität und Tatsachentreue für den Berichterstatter erwachsen. Darüber hinaus zeigte sich, dass Kisch die *„beobachtbare Wirklichkeit“* und die *„dokumentarische Wahrheit“* bereits 1918 *„in den Mittelpunkt stellte – lange bevor größere Teile der Literatur ähnliche Programme unter dem Motto der ‚Neuen Sachlichkeit‘ aufstellten [...]“*[77] Die dadurch entstehenden Probleme dürften somit nicht nur für Kischs Schriften dieser Zeit symptomatisch sein.

---

[74] Schlenstedt, D.: Leben und Werk. S. 208.
[75] Ebd.
[76] Ebd.
[77] Ebd. S. 206.

3.2 Neusachlicher Flaneur und oberflächliches Interesse am Proletariat: Der Reportageband „Der rasende Reporter"

Mit „Der rasende Reporter" (1924) beginnt Kisch seinen Reportagebänden auffällige, teilweise reißerische Titel zu geben. Auch die folgenden Werke, z. B. „Hetzjagd durch die Zeit", „Wagnisse in aller Welt" oder „Landung in Australien", bleiben in ihrer Betitelung oft einem *martialischen* Sprachgebrauch verhaftet. Ein seltsamer Umstand, scheint es doch Kisch hiermit der von ihm angegriffenen *Sensationspresse*, welche er die „schreiendsten Titel"[78] vorwirft, gleichzumachen. Schon bald nach der Veröffentlichung des Bandes wurde die Bezeichnung des *rasenden Reporters* zu einem Synonym für die *Person Kisch*. Dabei impliziert dieser Begriff ausgerechnet all das, wogegen Kisch sich eigentlich ausspricht: Der nur auf Schnelligkeit und Aktualität bedachte Berichterstatter, ständig auf der Suche nach der nächsten außergewöhnlichen Meldung. Joseph Roth sieht in diesem Widerspruch einen Beweis der Humorfähigkeit Kischs: *„Egon Erwin Kisch ist kein rasender Reporter; das ist ein Spitzname, den er sich nicht ohne Selbstironie gegeben hat; er ist ein gewissenhafter und gründlicher Berichterstatter."*[79] Tatsächlich beschreibt das Adjektiv *rasend* auch eher das Tempo des Dargestellten als die Arbeitsweise von Kisch. Er schreibt später in einem autobiografischen Entwurf rückblickend:

„[Die Leser] sahen sich verblüfft einem Autor gegenüber, der heute in Cuxhaven den Rekord-Personendampfer ‚Vaterland' zur Stapelfahrt besteigt und morgen ohne Übergang als Hopfenpflücker ins böhmische Land zieht – auf Seite zwanzig nächtigt er im Londoner Nachtasyl [...], all das ohne Übergang, ohne Verbindung, als spränge er, von Raum und Zeit, von Kosten und Hindernissen unabhängig, just nach seiner Laune kreuz und quer."[80]

Der so erzeugte *„Wirbel von Bildern"*,[81] das Aneinanderreihen von Beobachtungen und Anekdoten, imaginiert beim Rezipienten ein Gefühl der Schnelllebigkeit der modernen Welt. Er macht aus ihm praktisch einen *„rasenden Leser"*,[82] der anhand des Bandes rund um die Welt

---

[78] EEK: Sensations- und Erpressungspresse. In: GW X. S. 401.
[79] Roth, Joseph: Kein rasender Reporter. Egon Erwin Kisch zum 50. Geburtstag. In: Joseph Roth. Werke. Bd 4. Hrsg. von Hermann Kesten. Neue, erweiterte Ausgabe. Köln: Kiepenheuer & Witsch 1976. S. 286. Vgl. J. Jacobi: Journalisten im Text. S. 144.
[80] Kisch zitiert nach: Schlenstedt, D.: Leben und Werk. S. 185.
[81] Ebd. S. 187.
[82] Ebd. S. 188.

geführt wird: Deutschland, Frankreich, Österreich, Dänemark, England, Italien, Ungarn, die Tschechoslowakei und der Balkan sind Stationen auf dieser Reise.

Dass Kisch hier in erster Linie gute Unterhaltung im Sinn hatte und weniger die Darstellung sozialrelevanter Themen, ist augenscheinlich. Der Reporter wirft mit seiner *Spotlight*-Technik einen Blick auf verschiedene Teile der Gesellschaft. Doch die Frage, welche sich aufdrängt, lautet: Zu welchem Zweck eigentlich? Michael Geisler merkt an, dass *„noch der chrestomatische Charakter der Zusammenstellung im Vordergrund [bleibt], die Reportagen stehen etwas vereinzelt in der Gegend herum, es fehlt ein allen gemeinsames übergreifendes Thema.“*[83] Kischs Intention ist die des *„Entzauberns, Enträtselns, Transparent-Machens“*.[84] Der Berichterstatter als *„der Nicht-Wissende“* nimmt sich bisher vernachlässigte *„Wirklichkeitssegmenten“* als Untersuchungsobjekt an: Den Rezipienten stellvertretend, erkundet er fremde Städte, bereist ferne Länder, nutzt neueste Verkehrsmittel, *„macht sich fremdes vertraut“*.[85] Das Nebeneinanderstellen der thematisch sich stark unterscheidenden Reportagen zielt darauf ab, ein breitgefächertes Bild der Gesellschaft zu zeichnen. Auf das *„Ausweiten des Beobachtens innerhalb eines größeren thematisch bestimmten Komplexes“* wird verzichtet, es *„entsteht eine Aneinanderreihung ohne einen Obergedanken“*, der einzige Zusammenhalt ist, dass *„die Reportagen Erlebnis eines Menschen sind“*.[86] Der Erkenntnisgewinn des ganzen Bandes geht somit nicht über die Erfassung der Wirklichkeit in der Einzelreportage hinaus.

In den Texten tritt der Reporter als ein *ich*, *wir*, *man* oder *einer* in Erscheinung, mehrfach bleibt er auch unerwähnt. Die zeitlichen Angaben offenbaren sich als ungenau. Beschreibungen wie *jetzt* oder *heute* kann man nicht unbedingt als präzise bezeichnen.[87] Überhaupt sind die für einen Journalisten eigentlich verpflichtenden fünf W-Fragen (Wer?, Was?, Wann?, Wo?, Warum?) selten vollständig bearbeitet. Es wird klar, dass Kisch an der Erforschung von Ursachen und dem Aufstellen von Prognosen einer weiteren Entwicklung noch nicht interessiert ist: *„Auf eine Entwicklungsgeschichte von ‚Zeit‘ und ‚Welt‘ wollte der ‚rasende Reporter‘ nicht hinaus, eher realisierte er das schon früher aufgestellte Programm, die ‚sich ewig gleichbleibenden Erscheinungen des Daseins‘ zu erfassen.“*[88] Seiner Maxime des Vorworts, der Aktualität nicht die oberste Priorität zukommen lassen zu wollen, bleibt Kisch demnach treu. Die Reportage über das zehnte Berliner Sechstagerennen ist bei Drucklegung des Bandes bereits mehrere Jahre alt. Für Kisch stellt das kein Problem dar, ihm kommt es

---

[83] Geisler, M.: Reportage in Deutschland. S. 263.
[84] Jacobi, J.: Journalisten im Text. S. 133f.
[85] Vgl. ebd.
[86] Schlenstedt, D.: Reportage Kisch. S. 63f.
[87] Vgl. C. Siegel: E. E. Kisch. S. 154.
[88] Schlenstedt, D.: Leben und Werk. S. 190.

schließlich auf die Beobachtung des Gleichbleibenden, dem Unsensationellen an. Das Darge-botene hat mit journalistischer Arbeit im traditionellen Sinne somit wenig gemeinsam. Eben-falls auffällig ist das Desinteresse des Reporters am Individuum. In den Reportagen treten fast ausschließlich Gruppen auf. Ein Gesicht wird ihnen, den Bettlern, Aktionären, Heizern usw., nicht gegeben. Sie bleiben eine anonyme Masse. Technische Prozesse oder auch Maschinen und industriell geschaffene Landschaften werden hingegen äußerst detailliert und bildlich be-schrieben; die Reportagen stehen *„im Banne des neusachlichen Technikkultes"*.[89]

Siegel gliedert die 53 Reportagen des Bandes in sechs verschiedene Stoffgruppen: I. Soziologische und Milieu-Studien, Stadtrundgänge (19 Reportagen), II. Ökonomie, Technik und Industrie (10), III. Kriegs-Berichte (10), IV. Historisch-literarische Miniaturen (7), V. Kriminal- (6) und VI. aktuelle Reportagen (1).[90] Auffallend ist, dass die Texte, welche lediglich interessante Randerscheinungen ohne gesellschaftlichen Gesamtzusammenhang behandeln, am stärksten vertreten sind. In den Milieustudien und Stadtrundgängen fällt Kisch zudem mehrmals in die beliebige (und von ihm ja selbst u. a. in „Wesen des Reporters" kritisierte) Plauderei eines Feuilletonisten, eines *„von Staffagen ergriffene[n] Schwärmer[s]"*,[91] zurück, die schon seine früheren Prager Reportagen prägte: *„Das Faktum zählt hier noch auf die un-terhaltsame Anekdote, auf die verblüffende Pointe, auf den isolierten Einzelfall und auf die autobiografische Erfahrung."*[92] Der unterhaltene Faktor, das Rechnen auf die Außergewöhn-lichkeit (also eigentlich auf das doch Sensationelle) dominiert hier über Relevanz und Dring-lichkeit des Themas. Schlenstedt weist auf ein schwerwiegendes Problem hin, das Kischs zwar tendenz-, aber auch interessenlose *Spotlight*-Technik zu Eigen ist:

> *„Die Gebundenheit des Reporters an seinen Stoff macht – wenn dieser, wie hier, oft nur durch Zufall in das Blickfeld des Reporters geraten ist und wenig Möglichkeiten der Ausweitung in sich birgt – die Reportage zur Fixierung eines den Reporter interes-sierenden Einzelfalles und ermöglicht ihm nicht, von der Darstellung der Situation ausgehend, zu bedeutenden Erkenntnissen über gesellschaftliche Gesetzmäßigkeiten [...] zu kommen."*[93]

---

[89] Geissler, R.: Entwicklung Kisch. S. 25.
[90] Vgl. C. Siegel: E. E. Kisch. S. 154.
[91] Geissler, R.: Entwicklung Kisch. S. 24.
[92] Siegel, C.: E. E. Kisch. S. 153.
[93] Schlenstedt, D.: Reportage Kisch. S. 41.

Kisch erkennt zu diesem Zeitpunkt noch nicht, dass „*das Unauffällige nicht deshalb ein Wesentliches sein muß*",[94] nur weil es bisher wenig Aufmerksamkeit fand. Man kann deshalb aus guten Gründen den gesellschaftlichen Wert dieser Reportagen als ausgesprochen gering einschätzen. Der Leser konsumiert sie, wird jedoch nur im geringen Maße zum weiteren Nachdenken oder zur selbständigen Beschäftigung mit der Thematik motiviert, da das Material dafür mitunter überhaupt nicht geeignet ist. Die Reportagen mit ihren abseitigen, seltsamen Orte und Begebenheiten bedienen somit zwar keine Sensation im Sinne der *Tendenzpresse*, bieten aber, z. B. durch ihre Konzentration auf das Milieu der Außenseiter und Ausgestoßenen, Negativ-Sensationen. Die Reportagen „*bleiben beziehungslos, sie sind am Faktum nur insofern interessiert, als es sich als kurioses oder sensationelles Stimulans verwenden läßt.*"[95]

Im sich anschließenden Teil wird eine Auswahl an Reportagen aus dem Band „Der rasende Reporter" hinsichtlich dessen untersucht, was bisher im Allgemeinen für die Anthologie festgestellt wurde: Fakten- und Technikverliebtheit, Gleichgültigkeit dem Individuum gegenüber, vordergründige Unterhaltsamkeit statt fundierte Aufklärung. Der zwei Jahre später erschienene Band „Hetzjagd durch die Zeit" (1926) entspricht der vorangegangenen Anthologie in Strukturierung und Komposition. Der Band „Wagnisse in aller Welt" (1927) könnte an dieser Stelle gleichfalls genannt werden. Aufgrund divergierender Meinungen in der Forschung über dessen Einordnung wird auf diese Anthologie erst später eingegangen.

3.2.1 „Bei den Heizern des Riesendampfers"

Den Schauplatz der Reportage „Bei den Heizern des Riesendampfers" mystifiziert Kisch bereits zu Beginn. Der Berichterstatter, in der 3. Person Plural sprechend, fährt mit einem Fahrstuhl in die „*Unterwelt*",[96] den Maschinenraum eines Schiffes, hinab. Angespielt wird hierbei auf den Hades, denn unten angekommen, erwartet den Berichterstatter ein moderner Kerberos: „*Höllenhunde in glattschwarzem Fell scharren und stampfen und knurren und belfern in grausam gleichförmigen Takt, und bläulicher Schweiß tropft aus ihren Poren, ihren Nüstern.*"[97] Gemeint sind hier keine Ungeheuer aus Fleisch und Blut, sondern die vibrierenden und dröhnenden Maschinen des Dampfers. Der Weg in die eigentliche „*Teufelskü-*

---

[94] Geissler, R.: Entwicklung Kisch. S. 25.
[95] Siegel, C.: E. E. Kisch. S. 15.
[96] EEK: Bei den Heizern des Riesendampfers. In: GW V. S. 142.
[97] Ebd.

che",[98] den Kesselraum, auf den sich der Reporter nun zu Fuß macht, wird äußerst detailliert beschrieben. Von *„Vorwärtsturbinen"* und *„Rückwertsturbinen"* ist die Rede, ebenso von *„beschaufelten Rädern und beschaufelten Trommeln".*[99] Der Leser erfährt, dass der Dampfer über *„einundsechzigtausend Wellen Pferdestärken"* verfügt und das *„die stählernen Unge-tüme"* sich *„um ihre Achse drehen",* ganze *„einhundertachtzigmal in der Minute".*[100] Kisch genügt sich an dieser Aufzählung von Fakten und Eindrücken, ein konkretes Bild des Geschil-derten vermag die Beschreibung vor dem Auge des Rezipienten nicht zu erzeugen. Schließlich im Kesselraum angelangt, wird dieser mit einer Stadt amerikanischer Prägung verglichen: *„Dieser ‚Raum' hat zwei breite Hauptstraßen [...] und vier enge Seitengassen".*[101] Und dort gibt es *„[z]wölf Wolkenkratzer: die Kessel. Den beiden breiten Avenuen sind die Fronten zu-gekehrt, und von hier aus führen in jedes Gebäude drei mächtige Tore, in der schlichten Spra-che des Technikers ‚Feuerlöcher' genannt."*[102] An dieser Stelle zeigt der Reporter ein über-trieben anmutendes Interesse an Zahlen und Mathematik: *„Es gibt vier Kesselräume; nur der zum Bug zugekehrte hat nicht zwölf, sondern bloß zehn dieser Hochöfen. Sechsundvierzig haushohe Kessel mit dreimal sechsundvierzig hungrigen Mäulern. Zweihundert Meter hat man geradewegs vom Anfang bis zum Ende dieses Massenquartiers von Kohle, Stahl, Staub, Ruß und Feuer zu durchmessen."*[103]

Kisch wird auch im Folgenden nicht müde, die Technik des Schiffes zu dämonisieren und ihr Eigenschaften eines Monstrums zuzuschreiben. Da hört man das *„Knurren des Ma-gens",* ein *„Zeichen zur Fütterung"* der Maschine, und *„das eiserne Gebiß des Kessels [öffnet sich] klaffend zu neuer Mahlzeit".*[104] Aber was erfährt man hingegen von den Heizern, jenen Leuten, die diese angebliche Bestie täglich bändigen müssen? Nicht viel: Sie haben weder Namen noch eine Biografie. Von ihrem Äußeren erfährt man nur: *„[Sie] sind schwarz, schwarz wie alles ringsumher."*[105] Ihre Arbeit wird durchaus als hart und monoton dargestellt, wenn der Reporter schreibt: *„Ewig jedoch steht der Heizer an der Feuerung und schiebt dem nimmersatten Raubtier neues und neues Futter zu."*[106] Der Berichterstatter rückt die Tätigkeit sogar kurz in die Nähe des Unmenschlichen, denn zum Abkühlen hat der Heizer zwar eine

---

[98] Ebd.
[99] Ebd.
[100] Ebd.
[101] Ebd. S. 143.
[102] Ebd.
[103] Ebd.
[104] Ebd. S. 143f.
[105] Ebd. S. 144.
[106] Ebd. S. 145.

Luftdusche, von „*zweihundertfünfzig Pferdestärken*"[107] erzeugt, zur Verfügung, aber: „*Die Kessel sind besser daran: Vier Gebläse von zweitausendzweihundert Pferdekräften führen ihnen Verbrennungsluft zu.*"[108] Allerdings bleibt hier die Möglichkeit einer wirkungsvollen Kritik ungenutzt, setzt Kisch doch den Heizer nun mit dem romantischen Bild eines kämpfenden „*Gladiator[s]*"[109] gleich. Dem Reporter interessiert nicht, ob die Heizer für eine unhumane und entfremdende Arbeit ausgenutzt werden; ob sie in einer finanziellen Abhängigkeit vom Arbeitgeber gefangen sind oder ob sie ihr tragisches Schicksal vielleicht nicht einmal reflektieren können. Für Kisch sind die Heizer nur Gladiatoren, die sich jeden Tag erfolgreich im Kampf mit der *Maschinenbestie* bewähren und nach getaner Arbeit einfach „*aus der Arena treten*".[110] Und so drückt die Pointe der Geschichte auch nur Resignation und Gleichgültigkeit aus, statt Empörung über die Arbeitsbedingungen der Heizer, um die es aber sowieso, nach der literarischen Übersteigerung des Kesselraumes, nur an zweiter Stelle geht: „*Erfüllt die Glut der Kessel sie [die Heizer, M.S.] mit Glut? Erregt sie der Takt der Bewegung zur Bewegung? Ruft sie der Kampf zum Kampf? [...] Sie spülen den Kohlenstaub mit einem Glase Bier hinunter und schlafen.*"[111]

3.2.2 „Stahlwerk in Bochum, vom Hochofen aus gesehen"

Wurden die Maschinen und ihre Technik in „Bei den Heizern des Riesendampfers" noch in Verbindung mit einer „*sinistren Metaphorik*"[112] beschrieben, wirkt der Wandel in Kischs Gesinnung in Bezug auf das Bochumer Stahlwerk befremdlich. Anstelle einer Dämonisierung tritt eine mitunter berauschende, ans Lyrische erinnernde Darstellung der Stahlproduktion. Der Fabrikkomplex wird als „*Landschaft*" geschildert, „*die uns bewußte Laien tagsüber bewegt und begeistert hat.*"[113] Das Stahlwerk sei ein Ort „*zauberischer Vorgänge*"[114] und „*viele[r] Wund[er]*";[115] es ist die Rede von „*neugeboren[em] Stahl*" und der Hochofen wird dem „*lodernden Vesuv*"[116] gleichgesetzt. Nach einer sehr akribischen Schilderung der

---

[107] Ebd. S. 144.
[108] Ebd. S. 145.
[109] Ebd. S. 144.
[110] Ebd. S. 145.
[111] Ebd. S. 145f.
[112] Geissler, R.: Entwicklung Kisch. S. 27.
[113] EEK: Stahlwerk in Bochum, vom Hochofen aus gesehen. In: GW V. S. 175.
[114] Ebd. S. 178.
[115] Ebd. S. 179.
[116] Ebd. S. 177.

Stahlproduktion, geht Kisch auch in dieser Reportage auf die Situation der Arbeiter vor Ort ein. Die „Kerls"[117] bleiben jedoch erneut anonym und wieder erfährt man nur wenig von ihnen. Zu den Arbeitsbedingungen heißt es:

„Wird nicht auch die Lunge der Arbeiter hier mit diesem eisernen Konfetti überschüttet? Ist er unempfindlich gegen den Schwefeldampf, den uns eben ein Windstoß in die Nase geblasen hat, daß wir tränen und husten müssen?! Ist das Gichtgas für ihn kein Gift? Stört es ihn nicht, wenn er aus dieser tödlichen Hitze unmittelbar ins Freie muß [...] [Sie arbeiten] [v]om vierzehnten Lebensjahre an bis zum Tode, der vielleicht schon kommt, während sich andere noch mit dem Studium ‚abplagen'."[118]

Diese emotional bewegende Darstellung schwächt Kisch kurz darauf ab. Denn nicht nur der Arbeiter ist in dieser Fabrik einer Agonie ausgesetzt, sondern auch der Stahl! Der Reporter spricht von „den Leidensstationen des Stahls" und zeigt Mitleid: „Armer, gequälter Stahl."[119] Ob Kisch diese Stelle ironisch oder zynisch gemeint hat, ist für den Leser nicht eindeutig nachzuvollziehen. Ähnlich verhält es sich mit dem Aufschrei des Reporters: „Habt ihr nicht Angst, ihr Herren der Fabrik, daß diese aufgeregte, kochende Masse doch einmal ihren Kerker sprengt?"[120] Die Metapher könnte auf einen aufkochenden Unmut der Arbeiter anspielen, aber auch auf nichts anderes als das flüssige Stahl referieren. Die Unsicherheit des Rezipienten ergibt sich aus Kischs unverhältnismäßiger emphatischer Beschreibung des Stahlwerks, der er viel Platz einräumt, und der Darstellung des Schicksals der Arbeiter, für das sich der Reporter kaum zu interessieren scheint. Passagen, die von Kisch mitunter als kritisch gedacht sind, erkennt der Leser nicht zweifelsfrei. Somit ist die Intention einer kritisierenden Reportage, deren Kritik jedoch nicht klar zum Ausdruck gebracht wird, fraglich.[121]

Noch ein weiteres Mal kommt Kisch auf die Arbeitssituation im Stahlwerk zu sprechen. Der Reporter wird offenbar Zeuge eines glimpflich ausgehenden Unfalls. Als dessen

---

[117] Ebd. S. 176.
[118] Ebd. S. 176.
[119] Ebd. S. 178.
[120] Ebd. S. 177. Vgl. C. Siegel: E. E. Kisch. S. 170.
[121] Ein Beweis für Kischs unentschlossene Wirkungsabsicht ist auch die gegensätzliche Interpretation der Reportage in der Forschungsliteratur. Für Schlenstedt steht fest: „In der glühenden Masse im Hochofen erscheint die Bedrohung der Herren des Werkes durch die bisher Unterdrückten und Ausgebeuteten, erscheint die kommende Revolution." (Reportage Kisch. S. 47) Rudolf Geissler widerspricht Schlenstedt direkt: „[E]r [kann] nur seine eigene Wunschvorstellung vor Augen haben, nicht aber diesen Text." Und auf Kischs Reportageprogramm bezugnehmend, heißt es weiter: „Die metaphorische Aufladung des Textes zeigt die ganze Fragwürdigkeit jenes im Grunde doch permissiven Konzepts der ‚logischen Phantasie' [...] [Es ist] doch unübersehbar, daß gerade die Einbettung der Beschreibung in ein mystifizierendes Ausdrucksgefüge den eigentlichen sozialen Stoff, die gesellschaftlichen Zusammenhänge unkenntlich macht." (Entwicklung Kisch. S. 28)

Ursache erkennt er ungenügende Sicherheitsvorkehrungen aufgrund der Sparwut der Betreiber:

„Wir sind ein paar Schritte weitergegangen, als uns ein sogar in diesem steten Lärm hörbares, ungeheures Krachen innehalten läßt: Die Kette ist gerissen, die Welle herabgestürzt und eine Kurbel abgebrochen. Zum Glück hing sie noch nicht hoch, und niemand stand darunter. Einige Arbeiter sammeln sich aufgeregt, untersuchen den Kran und murren, daß noch immer keine Taue statt der Ketten eingeführt worden sind. ,Tausend Mark Schaden', brummt der Betriebsleiter."[122]

Doch auch hier scheint dem Berichterstatter seine Beobachtung nicht weiter zu beschäftigen. Vielmehr heißt es gleich im nächsten Satz: *„Aber selbst die Erschütterungen solcher Zwischenfälle sind in ihrer Intensität nichts gegen den Eindruck zauberischer Vorgänge [sic!], deren staunender Zeuge man ist."*[123] Kisch vergisst den arbeitenden Menschen, so überwältigt ist er vom technischen Prozess, den er mit eigenen Augen sieht. Der Berichterstatter gibt sich als unverbindlicher Flaneur, der für den Leser das Stahlwerk entdeckt. Somit verstößt Kisch selbst gegen sein antifeuilletonistisches Manifest von 1918 („Wesen des Reporters"), da ihn gesellschaftliche Zusammenhänge und soziale Kritik nur am Rande interessieren.

3.2.3 „Elliptische Tretmühle"

Kisch besucht in „Elliptische Tretmühle" das Berliner Sechstagerennen. Und schnell teilt er dem Leser seine Meinung zu der sportlichen Massenveranstaltung mit: Sie sei reine Zeitverschwendung. Der Berichterstatter verdeutlicht dies mit Hilfe einer gelungenen Gegenüberstellung:

„Sechs Tage und sechs Nächte lang schauen die dreizehn Fahrer nicht nach rechts und nicht nach links, sondern nur nach vorn, sie streben vorwärts, aber sie sind immer auf dem gleichen Fleck, immer in dem Oval der Rennbahn [...] während sie vorwärts hasten, während sie in rasanter Geschwindigkeit Strecken zurücklegen, die ebenso

---

[122] Ebd. S. 178.
[123] Ebd.

lang sind wie die Diagonalen Europas, wie von Konstantinopel nach London und von Madrid nach Moskau."[124]

Doch wozu diese körperliche Anstrengung, denn die Fahrer bekommen *„keinen Bosporus zu sehen und keinen Lloyd George, keinen Escorial und keinen Lenin, nichts von einem Harem und nichts von einer Lady, die auf der Rotten Row im Hyde Park reitet, und keine Carmen, die einen Don José verführt [...]*"[125] Die Einschätzung der Sportveranstaltung als Sinnlosigkeit weist über diese selbst hinaus, direkt in die Gesellschaft, die sich daran begeistert. Nicht alleinig der mechanisierte Tritt der Fahrer geht *„rechts, links, rechts, links",*[126] auch das anwesende Publikum ähnelt in seinem Verhalten und Verlangen diesem: *„Wenn der spurt vorbei ist, verwendet man die Aufmerksamkeit nicht mehr auf die Kurve, sondern auf die Nachbarin, die auch eine bildet. Sie lehnt in schöner Pose an die Barriere, die Kavaliere schauen ins Dekolleté, rechts, links, rechts, links.*"[127] Außerdem unterstellt Kisch der Gesellschaft eine Mechanisierung bis in ihre politische Kultur hinein: *„Im Parkett und auf den Tribünen drängt sich das werktätige Volk von Berlin, Deutschvölkische, Sozialdemokraten, rechts, links, rechts, links [...]*"[128] Kisch gelingt dies auf einfache aber eindrucksvolle Weise mithilfe der ständigen Wiederholung derselben Wortgruppe, *rechts, links, rechts, links*, welche die gesamte Reportage durchzieht. Für den Reporter begeht die Gesellschaft *„im Sportpalast in der Potsdamer Straße"*[129] feierlich ihren eigenen Untergang. Kisch stellt seine gutbürgerliche Bildung zur Schau, wenn er auf Edgar Allan Poes „Sturz in den Mahlstrom" anspielt: *„Das hat Poe nicht auszudenken vermocht: daß am Rand seines fürchterlichen Mahlstroms eine angenehm erregte Zuschauermenge steht, die die vernichtende Rotation mit Rufen anfeuert, mit hipp-hipp! Hier geschieht es, und hier erzeugen sich zweimal dreizehn Opfer den Mahlstrom selbst, auf dem sie in den Orkus fahren.*"[130]

Dem Reporter fehlt es jedoch an einer geeigneten Methode, mit der er seine Kritik fundieren kann. Die Ursachen für die Willigkeit des Publikums, sich zu Tausenden berauschen zu lassen, bleiben ihm verschlossen. Seinem Entsetzen über die *„Institution der Six Days"*[131] weiß er nur mit dem erhobenen Zeigefinger des Intellektuellen zu begegnen. Die Möglichkeit

---

[124] EEK: Elliptische Tretmühle. In: GW V. S. 234.
[125] Ebd.
[126] Ebd. S. 235.
[127] Ebd. S. 238.
[128] Ebd.
[129] Ebd. S. 234.
[130] Ebd. S. 236.
[131] Ebd. S. 238.

eines „*Mechanismus von dirigistischer Steuerung und massenhafter Reaktion*"[132] bleibt ihm verschlossen. Was Kisch in dieser Reportage erneut bietet, ist das feuilletonistische Flanieren. Für dieses Mal steht ein Radrennen im Mittelpunkt, um das sich die Gedanken drehen. Die Reportage stellt somit lediglich eine Sammlung von „*Klatsch*" und „*Kuriosa*"[133] dar. Es wird von ausschweifenden Feiern im Innenraum des Rennovals berichtet und die denkwürdige Pointe der Reportage bildet eine Aufforderung an den „*sportfreudigen Herrn Wilhelm Hahnke*".[134] Über Lautsprecher wird er am dritten Tag gebeten „*nach Hause [zu]kommen, seine Frau ist gestorben!*"[135] Auch bei der Kernaussage obsiegt das beliebige Behaupten anstelle der Sachlichkeit und Einordnung von Fakten: „*Gleichmäßig dreht sich die Erde, um von der Sonne Licht zu empfangen, gleichmäßig dreht sich der Mond, um der Erde Nachtlicht zu sein [...] – nur der Mensch dreht sich sinnlos und unregelmäßig beschleunigt in seiner willkürlichen, vollkommen willkürlichen Ekliptik, um nichts, sechs Tage und sechs Nächte lang.*"[136] Es wird deutlich das Kischs Reportagetheorie Schwachstellen aufweist. Die ungenaue Vorstellung von dem was die Reportage zu leisten und der Berichterstatter zu untersuchen hat, erschwert es, gesellschaftliche Zustände zu beleuchten und in dem gewonnenen Faktenmaterial Gesetzmäßigkeiten festzustellen. Und so bleibt „*unausgesprochen und, zu diesem Zeitpunkt offenkundig noch nicht lösbar [...], die Frage an die Massen: weshalb verhaltet ihr euch so und erkennt nicht das Wirkliche?*"[137]

3.2.4 Andere Reportagen

Wie die Untersuchung der Reportagen gezeigt hat, versammelt Kisch eine Vielzahl an Fakten und Eindrücken in seinen Texten. Allerdings bleibt seine Intention unklar. Wäre es dem Reporter wirklich um die katastrophalen Arbeitsbedingungen der Heizer gegangen, so bleibt sein Desinteresse an den Persönlichkeiten der Männer verwunderlich. Im Gegensatz dazu gibt Kisch der Stilisierung des Kesselraums als „*Teufelsküche*"[138] unverhältnismäßig viel Platz. Die Beschreibung des Arbeitsplatzes als *höllisch* erscheint zwar nachvollziehbar, aber in keiner Relation zu der Situation zu stehen, die die Heizer ertragen müssen. Es ist ein

---

[132] Siegel, C.: E. E. Kisch. S. 164.
[133] Ebd. S. 166.
[134] EEK: Elliptische Tretmühle. In: GW V. S. 238.
[135] Ebd.
[136] Ebd. S. 236.
[137] Siegel, C.: E. E. Kisch. S. 165.
[138] EEK: Bei den Heizern des Riesendampfers. In: GW V. S. 142.

Widerspruch, wenn das Bochumer Stahlwerk einerseits als Ort *„viele[r] Wund[er]"*[139] – gemeint ist der technische Prozess der Stahlproduktion – dargestellt, anderseits aber versucht wird, die gefährliche und anscheinend lebensverkürzende Arbeit dort anzuklagen. Dies ergäbe nur einen Sinn, wenn für den Reporter die *„Leidensstationen"*[140] der Arbeiter nicht so schwer wiegen würden wie jene des Stahls. Auch mag es der Fall sein, dass ein breites Publikum sich an sinnleeren Sportveranstaltungen berauschen kann, doch die elementare Frage nach dem *Warum* stellt Kisch nicht. So lässt er die Möglichkeit der Reportage, Missstände prägnant zu kritisieren, weitestgehend ungenutzt.

Dies ist auch bei weiteren Reportagen des Bandes der Fall. In „Unter den Obdachlosen von Whitechapel" sucht Kisch als Bettler verkleidet in einem Asyl Unterschlupf für eine Nacht. Die Kellerräume der Obdachlosenherberge vergleicht der Reporter erneut mit der *„Unterwelt".*[141] Im Folgenden belässt es Kisch dann bei einer Beschreibung der vorgefundenen Szenerie. Die Gründe, welche die dort nächtigen Leute in ihre missliche Lage brachten, werden nicht weiter analysiert. Auch die Frage nach gesellschaftlicher und staatlicher Mitverantwortung interessiert ihn nicht. Dafür stört sich der Berichterstatter selbst an den Obdachlosen: *„Da sitzen sie und verderben die warme Luft."*[142] Oder: *„Einer bindet sein Bruchband zurecht, einer wickelt seine Fußlappen ab, einer verdaut hörbar – alle Sinne werden gleichzeitig gefoltert."*[143] Mitgefühl und Anteilnahme für seine Subjekte würden sich anders ausdrücken, zumal vom Reporter auch das Klischee des kriminellen *Penners* bedient wird. Kisch belauscht das Gespräch zweier Bettler, in dem sich damit gebrüstet wird, bereits in Pentonville, einem Zuchthaus, eingesessen zu haben. Doch nicht das Obdachlose mitunter kriminell sind, wäre hier das eigentlich Erwähnenswerte, sondern vielmehr der sich andeutende Teufelskreis, in dem die Beteiligten stecken.

Das Interesse des Reporters, möglichst viele Daten und Fakten in seinen Texten unterzubringen, spiegelt sich u. a. auch in „Das Nest der Kanonenkönige: Essen" wider. Kisch beschreibt ausführlich, auf den ersten zwei (!) der insgesamt fünf Seiten langen Reportage, die Stadt Essen, bevor er auf das eigentliche Thema, die Dynastie der Krupps, zu sprechen kommt. Da ist zunächst von *„kohlenstaubhaltiger Luft",*[144] einem *„ansässig gewordenen Wanderzirkus"*, dem *„Plakat einer Firma",*[145] u. v. m. die Rede, bevor die Denkmäler der

---

[139] EEK: Stahlwerk in Bochum, vom Hochofen aus gesehen. In: GW V. S. 179.
[140] Ebd. S. 178.
[141] EEK: Unter den Obdachlosen von Whitechapel. In: GW V. S. 8.
[142] Ebd.
[143] Ebd.
[144] EEK: Das Nest der Kanonenkönige: Essen. In: GW V. S. 113.
[145] Ebd. S. 114.

Stadt ins Blickfeld des Reporters treten, darunter auch jene, die an die verstorbenen Familienmitglieder der Krupps erinnern. Vieles, des in diesem Teil Dargestellten, spielt für den weiteren Verlauf der Reportage keine Rolle; die Überleitung zum Thema hätte knapper und präziser ausfallen können. Aber so lässt sich Kisch lieber in einem Meer aus Fakten treiben, statt etwas konkret ausdrücken zu wollen.

Beim Vergleich der theoretischen Schriften Kischs mit seiner Anthologie „Der rasende Reporter" wird deutlich, dass er hinter seinen eigenen Ansprüchen an die Form der Reportage zurückbleibt. Das bisherige ungenügende Filtern der gesammelten Fakten hindert ihn daran, wirkungsvolle Kritik zu üben. Vielmehr gebraucht er die Form der Reportage als unterhaltendes Medium. Der *Sensationspresse* und deren Erzeugnisse kommt Kisch somit bedenklich nahe. Einzig in der Auswahl der Stoffe unterscheiden sich beide voneinander. Doch es ist offensichtlich, dass die zu behandelnde Thematik nicht das einzige differenzierende Qualitätsmerkmal sein kann.

4. Phase II: Der zur operativen Agitation tendierende Reporter

4.1 Theoretische Artikel Kischs 1926 - 1929: Der engagierte Reporter und „Gefühlssozialist" im Bund mit dem Proletariat

Kisch verfasste in der zweiten Hälfte der 1920er Jahre eine ganze Reihe weiterer Artikel, in denen er seine theoretischen Überlegungen weiterentwickelte und sich mit der gesellschaftlichen Rolle der Reportage auseinander setzte. Während seiner vorangegangenen ersten Russlandreise in den Jahren 1925/26, hatte sich Kisch verstärkt mit dem Marxismus beschäftigt. Er spricht nun in seinen Schriften vom Klassenkampf und bezieht Stellung für das Proletariat. Kisch benutzt marxistische Begrifflichkeiten, wie wohl zuletzt fast zehn Jahre zuvor als Rotgardist während der Revolution in Österreich. Neben den bereits bekannten Begriffen wie *Sachlichkeit* und *Wahrheit* stellt er nun ausdrücklich die „*s o z i a l [e] E r k e n n t n i s*".[146] Auch seines bisherigen Desinteresses an Ursachen sowie Entwicklungsprozessen und der daraus erwachsenden Problematik, das Untersuchungsobjekt nicht ausreichend zu erfassen, wird sich Kisch bewusst. Auf die marxistische Ideenlehre Bezug nehmend, merkt er dazu an: „*Von dem Postament des denkerischen Systems aus, das die Philosophie um die Kenntnis der Umwelt bereichert, das bewußt Vergangenheit und Gegenwart in den Dienst der Zukunft stellt, zur Kunst und Wissenschaft die Politik gefügt hat, kann man sozusagen dreidimensional sehen.*"[147]

Um der Reportage und seinem Werk eine auf literatur- und weltgeschichtliche Traditionen fußende Grundlage zu geben, bezieht sich Kisch immer öfter auf andere Autoren. So sieht er z. B. die Reportage seit den französischen Enzyklopädisten des 18. Jahrhunderts in einer sozialistischen Tradition stehen: „*Das entscheidende Verdienst der ‚Encyclopédie française' sind nicht ihre historischen und philosophischen Artikel, sondern die E r f o r s c h u n g d e r G e g e n w a r t, die Denis Diderot unter Verkleidungen, Ausreden und Einschleichungen in den Gewerbebetrieben angestellt hat [...]*"[148] Hier findet Kisch nicht nur das historische Pendant seiner eigenen Recherchemethoden, auch die mögliche Operativität des Reportagegenres wird ihm deutlich: „*So haben diese ersten Industriereportagen [...]*

---

[146] EEK: Soziale Aufgaben der Reportage. In: GW IX. S. 9.
[147] EEK: Über die Rolle des Schriftstellers in dieser Zeit. In: GW IX. S. 247.
[148] EEK: Soziale Aufgaben der Reportage. In: GW IX. S. 9.

die geistigen Vorraussetzungen für die große [Französische, M.S.] Revolution geschaffen."[149]
Die Reportage wird nun als wirksames Werkzeug des Aufzeigens sozialer Ungerechtigkeit und deren Überwindung erkannt. „*Durch den dialektischen Materialismus wurde die Aufgabe gestellt, die Welt zu verändern, statt sie zu interpretieren*",[150] schreibt Kisch und formuliert damit seine neue Maxime: Die Gesellschaft zum Besseren bewegen. Der bezuglosen Abbildung von Wirklichkeitssegmenten, wie er sie zuvor in seinen Werken betrieb, erteilt Kisch somit eine klare Absage. Er kommt zu der Feststellung, dass die Reportage in ihrem revolutionär-rebellischen Gestus vor allem unbequem für die *Mächtigen* sein muss:

> „*Jede wirkliche Kunst [und zu dieser zählt Kisch offenbar selbstbewusst seine Reportagen, M.S.] ist Opposition, Rebellion oder Revolution. Jede wirkliche Kunst muß wahrhaft sein und sich daher gegen die Lügen richten, mit denen die herrschenden Klassen die Unterdrückung der anderen Klassen motivieren. Jede wirkliche Kunst ist eine Gefahr für die Machthaber.*"[151]

Mit dem Proletariat sieht Kisch sich besonders verbunden, da „*seine Kunst naturalistisch im Thema, sachlich und dokumentarisch [ist].*"[152] Kisch bezieht sich somit auch auf seine früheren theoretischen Fixpunkte der Reportage. Er verwirft sie nicht einfach, sondern ordnet diese in den Kontext ein und erweitert seine Reportagetheorie um soziale / sozialistische Aspekte.

Kischs erwachtes gesellschaftlich-historisches Bewusstsein zeigt sich ebenfalls in der Bewertung der eigenen Tätigkeit. So sieht er in der Reportage „*die literarische Nahrung der Zukunft. Allerdings nur die Reportage von Qualität. [...] Was blieb von der französischen Literatur der zweiten Hälfte des neunzehnten Jahrhunderts übrig? Fast nur Balzac und Zola. Warum gerade diese beiden? Nur deshalb, weil sie beim Schreiben ihrer Romane die Reportagetechnik benutzten.*"[153] Mit der eigenen Vergangenheit geht Kisch kritisch zu Gericht. Vor allem seine feuilletonistischen Artikel aus Prager Zeiten sieht er als „*wenig ehrenvoll*" an: „*Als ich zur Zeitung gekommen war, schrieb ich sogenannt geistreiche, sogenannt witzige und sogenannt stimmungsvolle Feuilletons, deren Inhalt nicht wichtig war, und ich habe ihn auch vergessen.*"[154] Im Artikel „Mein Leben für die Zeitung" (1928) erzählt Kisch eine Geschichte aus seinen Anfangstagen, die er zum Gründungsmythos des *wahren* Reporter Kisch

---

[149] Ebd.
[150] EEK: Über die Rolle des Schriftstellers in dieser Zeit. In: GW IX. S. 246.
[151] EEK: Gibt es eine proletarische Kunst? In: GW IX. S. 219.
[152] Ebd. S. 220.
[153] EEK: Roman? Nein, Reportage. In: GW X. S. 436f.
[154] EEK: Mein Leben für die Zeitung. In: GW IX. S. 212.

stilisiert. Überraschend sollte er damals von einem Mühlenbrand berichten. Als Feuilleton-redakteur hatte er allerdings keine Ahnung von der Recherchetätigkeit eines Reporters. Kisch kam so ohne gesammelte Fakten zurück in die Redaktion. Der Artikel wurde lediglich eine wortgewaltige Beschreibung des Gesehenen. Erstaunlicherweise gefiel der Redaktion die Re-portage. Für Kisch wurde diese Begebenheit jedoch zu einem Wendepunkt:

„Erschüttert darüber, meine Leistung, deren Kläglichkeit ich kannte, als Erfolg ge-wertet zu sehen, mußte ich mir die Frage stellen, ob Arbeit wirklich ein Minus, Phra-sengeklingel und Lügengewäsch wirklich ein Plus seien. Diese Frage beschäftigte mich [...] Der erste Artikel nach diesem Brandbericht war mein erster Artikel. Das heißt ein Artikel, der sich um Sachlichkeit und Wahrheit bemühte. "[155]

Kisch verdeutlicht an dieser Stelle, dass der Reporter für ihn weder den Typus eines Flaneurs, noch den eines Abenteurers verkörpert. Der Reporter soll ein Kämpfer sein, der für die richtige Sache eintritt. Über John Reed, einen US-Amerikaner, der über die Oktoberrevo-lution berichtete, schrieb Kisch bewundernd und wohl auch auf sich selbst Bezug nehmend: *„Er stand auf der Barrikade. Seine Waffe war der Bleistift, so, wie sich vielleicht der Schmied neben ihm des Hammers bediente.* "[156] Das Kisch bei der Formulierung seines Objektivitäts-postulats nicht den neutralen Standpunkt im Auge hatte, sondern es ihm eher um das Eintreten für eine bessere Gesellschaft ging, wird bestätigt, wenn er John Reed mit folgenden Worten zitiert: *„„Meine Sympathien in dem Kampf waren keineswegs neutral, aber während ich die Geschichte dieser Zehn Tage [die Oktoberrevolution, M.S.] erzählte, habe ich versucht, die Ereignisse mit dem Auge eines gewissenhaften Reporters zu sehen, den das Interesse beseelt, die Wahrheit festzustellen.* '"[157] Die Tendenznahme für das Utopia, dass die Bolschewiki in Russland zu verwirklichen versuchten, bildet für Kisch von nun an *„das Fundament, um die Realitätspartikel auswählen und anordnen zu können. Parteiliche Tendenz oder Parteilichkeit sind die Voraussetzungen für die auf ‚soziale Erkenntnis' arbeitenden Auswahlkriterien.* "[158] Die ausdrückliche Parteinahme *„veranlaßt den Reporter, sein bisher interesseloses Wohlge-fallen an der Faszination des Faktischen zu korrigieren",*[159] die *logische Phantasie* wird um

---

[155] Ebd. S. 213.
[156] EEK: John Reed, ein Reporter auf der Barrikade. In: GW IX. S. 91.
[157] Ebd. S. 100.
[158] Siegel, C.: E. E. Kisch. S. 117.
[159] Ebd.

eine emotionale Analyse erweitert. Mit ihrer Hilfe wählt Kisch nun seine Fakten aus und ordnet sie an. Er überwindet so die bisherige beliebige Kommentierung.

Zu Kischs Schulterschluss mit dem Proletariat merkt Siegel an, dass *„[w]enn Kisch von einer Literatur f ü r das Proletariat spricht oder auffordert, man müsse m i t dem Proletariat kämpfen, setzt er eine Interessengleichheit von Reporter und Adressaten voraus.“*[160] Es drängt sich der Verdacht auf, dass Kisch das Proletariat weltweit als homogene Masse missverstand und so *„lediglich eigene Erwartungen auf eine Klasse [projizierte]“*.[161] Rudolf Geissler sieht zudem in Kisch während der 1920er Jahre keinen Revolutionär, sondern vielmehr einen Rebellen mit ungenauen Vorstellungen von marxistischen Begrifflichkeiten. Kisch verfüge noch über keine historisch-materialistisch fundierte Position:

„Weder die Vehemenz der gegen fragwürdige Rechtspflege und Polizeistaatspraktiken gerichteten Angriffe noch die Schnellfertigkeit in der Verwendung gängiger sozial-revolutionärer Schlagbegriffe lassen jedoch diesen Schluß zu. Der Reporter folgt emotionalen Impulsen. Er empört sich über soziale Ungerechtigkeit im Kapitalismus, ein dezidiert marxistisches Geschichtsbild hat er noch nicht.“[162]

Lenins Einschätzung des ebenfalls von Kisch geschätzten Schriftstellers Upton Sinclair, sieht Geissler somit auch auf Kisch anwendbar: Er sei ein *„‚Gefühlssozialist, ohne theoretische Bildung‘“*.[163]

---

[160] Ebd. S. 118.
[161] Ebd.
[162] Geissler, R.: Entwicklung Kisch. S. 41.
[163] Ebd. S. 53.

4.2 Zwischen Neuer Welt und sozialistischer Utopie: Kischs Werk im Wandel

4.2.1 Der Reportageband „Wagnisse in aller Welt"

Bevor die Anthologien „Zaren, Popen, Bolschewiken" (1927) und „Paradies Amerika" (1930) in den Fokus der Untersuchung rücken, muss zuvor noch auf den Band „Wagnisse in aller Welt" (1927) eingegangen werden. Von der Forschungsliteratur nur wenig beachtet, wird dieses Werk zumeist in eine Reihe mit „Der rasende Reporter" und „Hetzjagd durch die Zeit" gestellt, da es von der Komposition mit diesen Reportagesammlungen vergleichbar ist. Im Gegensatz zu den beiden anderen, später erschienenen Bänden „Zaren, Popen, Bolschewiken" und „Paradies Amerika", bei denen Kisch zum ersten Mal alle Reportagen unter ein umfassendes Thema gestellt hat, steht diese Anthologie noch unter keinem speziellen Motto. So wird auch hier mal auf dieses beliebige Ereignis eingegangen und mal aus jenem Land berichtet. Schlenstedt weist jedoch auf eine Verschiebung der Themenschwerpunkte hin. Es dominieren nicht mehr die Milieustudien und Stadtrundgänge, denn sie *„erhalten ein Gegengewicht in direkt politischen und ökonomischen Themen".*[164] Hierbei bezieht sich Schlenstedt wahrscheinlich auf so klangvoll betitelte Reportagen wie „Justiz gegen Eingeborene", „Protest gegen eine Verurteilung", „Polizeischikanen in Sardinien" oder „Die Polizei und ihre Beute". Tatsächlich greift Kisch in diesem Band relevantere soziale und internationale Probleme auf. Reportagen haben hier einen Platz, in denen gesellschaftliche Probleme mehr Raum gegeben wird. Ganz im Gegensatz zum Band „Der rasende Reporter", in dem sich Schilderungen von Tauchgängen in tiefer See oder dem Fliegen von Heißluftballonen finden lassen, ebenso wie die in ihrer Kritik unstimmigen Arbeitsreportagen. Rudolf Geissler sieht als einziger in „Wagnisse in aller Welt" ein Werk, das den Übergang Kischs zur operativen Reportage darstellt: *„Auf dem Felde der Kritik an Justiz und Exekutive ist es Kisch gelungen, sich von der in gewissen Milieuschilderungen virulenten Methode fabulierender Deskription und ironischer Verfremdung zu trennen und in die Schilderung eine von Sympathie für das Proletariat bestimmte Wertung einzubringen."*[165]

---

[164] Schlenstedt, D.: Reportage Kisch. S. 42.
[165] Geissler, R.: Entwicklung Kisch. S. 40.

4.2.2 Der Reportageband „Zaren, Popen, Bolschewiken"

In „Zaren, Popen, Bolschewiken" berichtet Kisch von seiner ersten Russlandreise, die er Mitte der 1920er Jahre antrat und während der er große Teile der Sowjetunion bereiste. Die Oktoberrevolution lag zu diesem Zeitpunkt fast ein Jahrzehnt zurück. Doch die Umstrukturierung des ehemaligen Zarenreiches in einen Arbeiterstaat war noch nicht abgeschlossen. Bürgerkriege und Interventionen anderer Staaten erschwerten den Bolschewiki ihre Aufgabe: Die Schaffung eines Staatsgebildes auf marxistischer Grundlage. Bereits wenige Jahre später war diese Vision gescheitert. Vor allem aufgrund innenpolitischer Auseinandersetzungen, aus denen Josef Stalin letztendlich siegreich hervorging. Von alldem konnte Kisch noch nichts ahnen. Und so ist sein Reportageband in erster Linie eine Beobachtung der schwierigen Zeiten eines im Umbruch befindlichen Landes. Mit flammendem Enthusiasmus beschreibt er die Errungenschaften gegenüber der westlichen Welt, verschweigt aber auch nicht die Schwierigkeiten mit denen Russland zu kämpfen hat.

Kisch eröffnet „Zaren, Popen, Bolschewiken" mit einer Reportage über eine Zugfahrt quer durch den noch jungen sozialistischen Staat. Die Reise dauert mehrere Wochen und strapaziert die Passagiere. Sitzen diese anfangs aus Bequemlichkeit noch gerne auf ihren Sitzen, ziehen sie es später vor, aufgrund von Schmerzen, zu stehen. Auch das Erscheinungsbild der Reisenden leidet unter den Anstrengungen: Die ehemals „*tipptopp[e] Dame, sie läuft in schmutziger Nachtjacke und schmutzigem Unterrock umher*" und „*[d]er gutgebügelte, gutrasierte Herr hat ausgebuchtete Hosen und einen scheußlichen Vollbart*".[166] Der Stimmung im Zug tut dies keinen Abbruch. Vielmehr rücken die Fahrgäste näher zusammen, sie „*duzen einander längst, jeder hat schon mit jedem ,Schachmatt' gespielt, jeder hat schon ein Mädchen, mit dem er nachts auf dem Korridor vor der Ubornaja steht oder im Heizraum, alle Schranken sind gefallen [...]*"[167] Was Kisch hier im Kleinen betrachtet und beschreibt, verweist im Großen auf die Idee eines Staates, der unter äußerster Kraftanstrengung vom Volk aufgebaut werden soll und dessen Ziel die Zufriedenheit und Einheit seiner Bürger ist. Herkunft und Erscheinungsbild der Zugpassagiere spielen bei zunehmender Länge der Reise eine immer kleinere Rolle. Das Denken und Kategorisieren in Klassen hat sich spätestens beim Erreichen des Zielortes aufgelöst. An der Endstation Eriwan sieht Kisch dann gar „*Noah oben furchtlos landen*":[168] Der Zug als Arche, besetzt mit Menschen, die sich nach der bildlichen

---

[166] EEK: Russland in der Eisenbahn. In: GW III. S. 15.
[167] Ebd.
[168] Ebd. S. 19.

Sinnflut an einer besseren Zukunft beteiligen. Schon in der ersten Reportage lässt sich Kischs erwachte Begeisterung für das Projekt der Bolschewiki erkennen. Doch auch auf vieles Altbekannte trifft der Leser – z. B. die Detailbesessenheit, mit welcher der Reporter Schauplätze beschreibt und Informationen auf den Rezipienten einstürzen lässt, oder die Dämonisierung von Technologie: *„Die Lokomotive wird gewechselt, statt des einen fossilen Ungeheuers kommt das andere, zur Seite rollt die alte Maschine, von ihrem Vorderteil trieft schwarzes Fett, ihr Hinterteil ist reines Kristall, leuchtend von Schnee und Eis.“*[169] Bei dieser Textstelle werden Bezüge zum Höllenhund im Bauch des Riesendampfers aus „Der rasende Reporter“ deutlich.

„Zaren, Popen, Bolschewiki“ ist, im Gegensatz zu den früheren Bänden, fast ausschließlich auf ein Land beschränkt. So wie Kisch jedoch zuvor zwischen Deutschland, Frankreich oder England hin und her sprang, sind seine Stationen nun Moskau, Tiflis oder Eriwan. Die einzelnen Reportagen stehen nach wie vor in keiner chronologischen oder inhaltlichen Abfolge; den bereits bekannten Strudel, in dem Raum und Zeit durcheinander gewirbelt werden, erzeugt Kisch auch hier. Was die Reportagen eint, ist der Versuch, dem Leser die russische Kultur und Geschichte nahe zu bringen. Vor allem wollte Kisch wohl dem beschädigten Ansehen des bolschewistischen Russlands in der amerikanisierten deutschen Öffentlichkeit ein positives Bild entgegensetzen. Zwar können die Reportagen weiterhin unabhängig voneinander gelesen werden, aber es gibt nun ein übergreifendes Thema und viele Querverweise. Zusammengehalten werden die 30 Reportagen des Bandes von der einführenden, oben bereits näher betrachteten, Zugfahrtsreportage, die Kischs Ankunft in Russland beschreibt, und dem abschließenden Text, in dem Kisch ebenfalls mit der Lokomotive das Land in Richtung Warschau verlässt. Dort gerät der Reporter in den Maiputsch des früheren polnischen Staatschefs Józef Piłsudski. Vermeintlich kontrastierend zur Oktoberrevolution lässt Kisch den Band mit diesem Staatsstreich enden, der nur um seiner Selbst willen stattfindet: *„Das Warschauer Leben läuft weiter, elegant und leer. Es hat sogar einen Inhalt bekommen durch den Putsch, man kann wieder spekulieren, Kattowitz und Posen sind angeblich gegen das neue Regime.“*[170] Und während sich die Oberen den Posten des Regierenden gegenseitig streitig machen, feiert das Volk, als würde all dies nicht mit ihrem Schicksal zusammenhängen, in Kaffeehäusern oder, wie Kisch ironisch festhält, es geht ins Theater: *„[U]nd das Publikum*

---

[169] Ebd. S. 11f.
[170] EEK: Warschau am Tage nach dem Staatsstreich. In: GW III. S. 220.

freut sich sehr, in einem geordneten Staatswesen zu leben und nicht in der bolschewistischen Hölle.“[171]

In den Reportagen des Bandes werden verschiedenste Aspekte der russischen Gesellschaft thematisiert. Kisch besucht Galoschen- und Stahlfabriken, beschreibt die wissenschaftliche Ausbildung von Arbeitern oder berichtet von Jugendgerichten und Strafvollzugsanstalten. Darüber hinaus gibt es erneut Stadtrundgänge (u. a. durch Moskau) und Schlösser, Sternwarten oder Ölförderraffinerien werden vom Reporter aufgesucht. Kisch interviewt den Moskauer Polizeichef und den armenischen Papst; zudem berichtet er von skurrilen Begegnungen, wie den Besuch bei einem türkischen Masseur oder das Aufeinandertreffen mit emigrierten schwäbischen Bauern in Grusien. Der Band, der daraufhin angelegt ist, Positives im neuen Russland zu zeigen, ergibt sich aber nicht ausschließlich in Lob, sondern enthält auch kritische Passagen. Bei seinem Flanieren durch die Hauptstadt berichtet Kisch vom regelmäßig kollabierenden Verkehr: *„[E]ine Untergrundbahn wäre dringend notwendig, doch was wäre nicht alles notwendig: zehntausend Häuser, neue Fabrikbauten, landwirtschaftliche Maschinen.“*[172] Des Weiteren seien die Bettler zahlreich[173] und es herrsche eine akute Wohnungsnot. So entdeckt Kisch überfüllte Behausungen – *„Zinskasernen erhielten die sechsfache, ja oft die zehnfache Mieterzahl“*[174] –, findet allerdings auch heraus, dass die Mieten nach dem Einkommen bemessen werden. Außerdem besucht der Reporter die Moskauer Börse, die im Vergleich zu ihren westlichen Pendants durch ein erstaunlich gemächliches Tempo auffällt, bei dem der Makler sogar die Zeit hat *„sein Brötchen liebevoll in den Tee [zu tunken]“*.[175] Auf diese Weise gelingt es Kisch ein facettenreiches, zerrissenes Bild von der russischen Hauptstadt zu zeichnen, dass stellvertretend für die ganze Nation steht.

Es überwiegt allerdings das Lob die Kritik. Ein eigenartiger Umstand für die Form der Reportage. Gleichfalls seltsam mutet Kischs Methode an, mit der er manche sozialistische Errungenschaften preist. In der Reportage über den Newskij-Prospekt, der Hauptstraße von Sankt Petersburg, die nach dem Vorbild der *Avenue des Champs-Élysées* angelegt wurde, merkt Kisch an, dass die Männer *„[d]urchaus großstädtisch“* aussehen und Wirtshäuser *„an allen Ecken und Enden“* blühen, mit den für Deutsche so wohlklingenden Namen wie *„‚Wijn‘, ‚Bawarja‘ oder ‚Lewnbrai‘“*[176] [Wein, Bavaria, Löwenbräu]. Wenn der Leser nicht wüsste, dass Kisch aus Russland berichtet, könnte er vermuten, dass folgende Beschreibung

---

[171] Ebd.
[172] EEK: Verkehr in Moskau. In: GW III. S. 37f.
[173] Vgl. ebd. S. 39.
[174] Ebd. S. 55.
[175] Ebd. S. 49.
[176] EEK: Der Newskij-Prospekt. In: GW III. S. 82.

aus der westlichen Welt stammt: *„Die Geschäfte strahlen Lichtreklame aus, normale Litfaß-*
säulen und dreikantige transparente Glassäulen auf sechskantigem Postament sind plakathaft
bemalt; auf weiße Leinwand werden gleichfalls Reklamen projiziert, zwischen Nachrichten
der Abendblätter.“[177] Kisch rühmt die neue sozialistische Welt anhand von Beispielen, die
der deutsche Leser aus seiner amerikanisch geprägten Umwelt selbst kennt. Zwar nimmt
Kisch somit der UdSSR das Stereotyp eines befremdlichen Arbeiterstaates, läuft aber auch
Gefahr den Rezipienten zu verwirren. Der Leser könnte den Staat *„womöglich als Abklatsch*
der daheim gepriesenen USA auf[fassen]“.[178] Kischs angewandte Methode ist also streitbar
und Rudolf Geissler merkt dazu an: *„Er [Kisch, M.S.] wirbt jedoch um Sympathie für den*
neuen Staat, ja, er betreibt letztlich dessen ‚Rehabilitierung‘ gegenüber der öffentlichen Mei-
nung in Deutschland, indem er mit Mitteln und Ideologiepartikeln des Amerikanismus arbei-
tet.“[179]

Auch unter anderen Gesichtspunkten kann der Russlandband kritisch betrachtet werden. So zeigt Kisch erneut ein Desinteresse an Einzelschicksalen. Menschen tauchen wieder
fast ausschließlich in Gruppen auf, egal ob es Fabrikarbeiter, eingewanderte schwäbische
Bauern oder Kinder vor dem Jugendgericht sind, die im Mittelpunkt stehen. Nur ein Mal wird
detaillierter auf das Leben einer Person eingegangen; nämlich auf das, der vor Gericht ange-
klagten Anna Jegorowna, die sich des Verrates an Lenin schuldig gemacht haben soll. An diesem Fall schildert Kisch die angeblich gütige sozialistische Gerichtsbarkeit, denn die alte Frau
wird zu sieben Jahre Einzelhaft verurteilt, obwohl ihr eigentlich die Todesstrafe in 14 Fällen
zugestanden hätte.[180] An anderer Stelle der Anthologie kommt wieder die Lust des Reporters
an Zahlen zu Tage. Da wird die Galoschenproduktion einer Gummifabrik ins Billionenfache
überschlagen[181] oder akribisch die 17 (!) verschiedenen Lohnkategorien in einem Stahlwerk
aufgezählt, samt dem entsprechenden Gehalt und der jeweiligen Anzahl an Arbeitern vor Ort,
die nach den einzelnen Kategorien bezahlt werden.[182] Auch wenn man auf diesem Weg erfährt, dass die Löhne wahrscheinlich gerecht verteilt werden, der Lesbarkeit ist diese geballte
Ansammlung von Fakten nicht zuträglich.

Dennoch ist die besagte Reportage über die Putilow-Werke aus anderen Gründen interessant. Nach dem Bochumer Stahlwerk aus „Der rasende Reporter“, in dem Kisch sich in der
Betrachtung des Produktionsprozesses verlor und dabei die Situation der Arbeiter fast vergaß,

---

[177] Ebd.
[178] Geissler, R.: Entwicklung Kisch. S. 51.
[179] Ebd.
[180] Vgl. EEK: Henker in Haft, Opfer befreit. In: GW III. S. 93.
[181] Vgl. EEK: Galoschen. In: GW III. S. 25.
[182] Vgl. EEK: Putilow-Werke. In: GW III. S. 76f.

schildert er nun erneut eine solche Fabrik. Zunächst beschreibt er wiederum sehr ausführlich das Stahlwerk und den Herstellungsprozess, bis er, sein Scheitern in Bochum wohl selbst reflektierend, innehält: *„Man kennt diesen Zauber, an dem alle Künste scheitern, man hat schon Stunden damit verbracht, ihm zuzusehen, und kann den Blick nicht wenden..."*[183] Die Verwendung des Wortes *Zauber* lässt eindeutige Rückschlüsse auf die ältere Stahlwerksreportage mit ihren *zauberischen Vorgängen* zu. Kisch führt weiter aus: *„Kam man jedoch von Mitteleuropa hierher an den Finnländischen Meerbusen, neuerlich der Magie des Eisens zu unterliegen?"*[184] Kisch verneint diese Frage durch den weiteren Verlauf der Reportage. So geht er auf die Selbstverwaltung der dortigen Arbeiterschaft, den Arbeiterschutz, die Entlohnung und die Urlaubsregelung ein. Der Berichterstatter scheint nachholen zu wollen, was er noch in Bochum vernachlässigte. Nur gibt es offenbar keinen Grund, an den Putilow-Werken Kritik zu üben. In allen Bereichen ist der Betrieb, im Vergleich zu westlichen Fabriken, anscheinend vorbildlich.

Die Vergangenheit bezieht Kisch nun ebenfalls deutlich in seinen Reportagen ein. Bei der bereits erwähnten Gerichtsverhandlung der Anna Jegorowna stellt Kisch nicht nur den anscheinend gerechten Umgang der Bolschewiki mit ihren politischen Gegnern dar, sondern er führt, zur Unterstreichung dessen, Fälle des Vorgängerregimes an, das mit großer Härte gegen die zuvor noch im Untergrund agierenden Kommunisten vorging.[185] In der Reportage über die Ölförderregion von Bibi-Eybat stellt Kisch dann einen historischen Verlauf dar. Kisch spannt den Bogen von der Raffinerienutzung zur Zeit der Zaren, über die anschließenden Kämpfe der Bolschewiki mit verschiedenen Okkupationstruppen um die wertvolle Region, bis hin zum Vorzeigeprojekt des sozialistischen Russlands. Erst dort in seiner Erzählung angekommen, beginnt der Reporter von der Gegenwart zu berichten: der Ölförderung, den Unterbringungen der Arbeiter und den angrenzenden Dörfern.

Zusammenfassend kann festgehalten werden, dass die Einbeziehung der historischen Dimension eine Neuerung bei Kisch darstellt, ebenso wie die Parteinahme für ein sozialistisches Ideal und das Zusammenstellen der einzelnen Reportagen unter einem gemeinsamen Oberthema. Was nach wie vor negativ auffällt, ist Kischs Interesselosigkeit an Einzelschicksalen, womit er eine tiefgreifende Darstellungsweise von Sachverhalten noch ungenutzt lässt, zudem ein unverändert ausgeprägter Hang zur äußerst detaillierten Beschreibung sowie eine Vernarrtheit in Zahlenspiele. Die beiden letztgenannten Punkte mindern die Lesbarkeit und

---

[183] Ebd. S. 75.
[184] Ebd.
[185] EEK: Henker in Haft, Opfer befreit. In: GW III. S. 95f.

somit die Effektivität seiner Schriften. Darüber hinaus mutet es seltsam an, dass Kisch die Reportage mehr zum Preisen und Loben nutzt, als zum Kritisieren. Ganz im Gegensatz zur darauffolgenden Anthologie „Paradies Amerika", die mit „Zaren, Popen, Bolschewiken" in einen thematischen Zusammenhang gestellt ist. In beiden Bänden geht es um die Demontage des Kapitalismus und die Propagierung einer Besserung versprechenden sozialistischen Gesellschaftsform. In dem einen Band wird dabei zum großen Teil die Methode des Kritisierens, im anderen die des Lobens angewendet; je nach dem ob die Vereinigten Staaten oder die UdSSR das Untersuchungsobjekt sind. Dessen ungeachtet wird bei dem Russlandreisebuch erstmalig, aufgrund obengenannter sich von den Vorgängerbänden abgrenzender Merkmale, Kischs Wille zur Operativität erkennbar. Die früheren Reportagen blieben dagegen, wie dargestellt, in ihrer Aussage undeutlich und unverbindlich. Dass diese neue Operativität nun mit einer klaren Parteinahme verbunden ist, dürfte offensichtlich geworden sein. Dennoch wandelte Kisch sich nicht zum Schreiber einer politischen Partei. Es gibt keine einzige Reportage, die heroisierend Lenin, Trotzki oder Stalin in den Mittelpunkt stellt. Diese Führer des russischen Staates werden höchstens indirekt bewertet; nämlich dann, wenn Kisch die sich verändernde Lebenssituation im Land positiv beurteilt. Hieraus ergeben sich, zu diesem Zeitpunkt der russischen Geschichte, jedoch noch keine politischen Verwicklungen. Der staatliche Terror, auf den dieses Land letztendlich zusteuerte, war wohl damals noch nicht abzusehen gewesen.

4.2.3 Der Reportageband „Paradies Amerika"

Ende 1928 besuchte Kisch die Vereinigten Staaten Amerikas. Unter dem falschen Namen *Doktor Becker* reiste er in das Land ein; in einigen Reportagen des erstmals 1930 erschienenen Bandes „Paradies Amerika" taucht jener Träger akademischer Würden auch als Protagonist auf. Durch ihn ersetzt Kisch das *ich* und *wir* oder anonyme *man* in den entsprechenden Texten. Während der oft in der Forschungsliteratur verkürzt wiedergegebene Titel „Paradies Amerika" lediglich eine ironische Färbung erahnen lässt, lautet die vollständige Betitelung der Erstausgabe im Berliner Erich-Reiß-Verlag: „Egon Erwin Kisch beehrt sich darzubieten: Paradies Amerika". Damit wird deutlich, dem Autor geht es um die Dekonstruktion des Amerikabildes, das in weiten Kreisen der Weimarer Republik durch die Öffentlichkeit positiv geprägt war. Kisch besucht den pazifistischen Regisseur und Darsteller Charles Chaplin in der Illusionsfabrik Hollywood, spricht mit dem sozialkritischen Schriftsteller Upton Sinclair und erkundet die angeblichen Wunderstädte Chicago, Washington, New York und Philadelphia. Kisch entzaubert die Produktionshallen des Großunternehmers Henry Ford, er vergleicht Armen- mit Hundefriedhöfen und dem Unkundigen bringt der Reporter die Regeln der Börse und des American Footballs näher. Dem Berichterstatter gelingt es verschiedenste Bereiche der amerikanischen Kultur, ob nun Politik, Wirtschaft, Sport oder Alltagsleben, zu beleuchten und ein um Ganzheitlichkeit bemühtes Bild der Vereinigten Staaten zu liefern. Die insgesamt 41 Reportagen sind in ihrer Komposition geradliniger als die vorangegangenen und an seiner Intention lässt Kisch keinen Zweifel mehr. Zugleich sind die Texte inhaltlich aufschlussreicher als noch drei Jahre zuvor in „Zaren, Popen, Bolschewiken". Ebenfalls ergibt sich Kisch nur noch selten in Zahlenspielereien und detaillierten Beschreibungen. Zusammen mit seiner pointierten Schreibweise führt dies zu einer deutlich besseren Lesbarkeit. Jede *Reportage* dient nun der *Kritik*; mitunter verfällt Kisch allerdings der Polemik. Ein aufklärender und operativer Aspekt steht nun jeweils klar im Vordergrund. Selbst scheinbare Nebensächlichkeiten haben ihren festen Platz im größeren Sinnzusammenhang. Wenn Kisch in der Reportage „Und das nennt sich Fußball!" am Rande auf die Schwierigkeiten der Anreise zum Stadion zu sprechen kommt, die darin bestehen, dass man sich die „*Plätze in den Untergrundbahnzügen*" gegen andere Fahrgäste erkämpfen muss und schließlich „*in einen Wagon gepökelt ward*",[186] sieht er Parallelen zwischen dem dortigen Volkssport Football, in dem die Mitspieler sich gegenseitig „*in den Bauch rennen*", die „*Füß[e] packen*", sich „*ins Gesicht boxen*",[187] und den anscheinend auf die zuschauenden Massen abfärbenden Umgangsformen. Auch wundert es den Berichterstatter, dass beim *Foot*ball der Fuß kaum eine Rolle spielt. Er vermutet hinter der amerikanischen Bezeichnung *Soccer* für den europäischen Fußball, der auch tatsächlich mit jenem Gliedmaß gespielt wird, eine „*Ver(fuß)ballhornung des Wortes ‚Association'*".[188] *Association* lässt sich interessanterweise als *Gemeinschaft*, der *Associate* als *Genosse* übersetzen. Kisch zeichnet somit nebenbei und in wenigen Sätzen ein Bild egozentrischer Amerikaner, die sich als Individualisten missverstehen.

Zum Teil werden in „Paradies Amerika" dieselben Themen wie in „Zaren, Popen, Bolschewiken" aufgegriffen. Schrieb Kisch in diesem Band noch über die umsichtige Justiz und den fortschrittlichen Strafvollzug in der Sowjetrepublik, ist nun die Reportage „Vierzehn Dinge in Sing Sing" eine Abrechnung mit einer, in den Augen des Berichterstatters, überkommenen amerikanischen Institution. Gleich am Anfang der Reportage stellt Kisch erneut sein

---

[186] EEK: Und das nennt sich Fußball! In: GW IV. S. 273.
[187] Ebd. S. 277.
[188] Ebd. S. 276.

Faible für Zahlen unter Beweis: *„Man stelle sich einen rechtwinkligen Felsblock vor, etwa achtzig Meter lang, zehn Meter hoch, fünf Meter breit. In diese achtzig Meter Seitenlänge sind vorne fünfundsiebzig Löcher gehackt und hinten auch fünfundsiebzig, obwohl der Block nur fünf Meter breit ist."*[189] Zum einen verwendet Kisch im Vergleich zu früheren Texten hier Zahlen eher zurückhaltend, zum anderen erzeugt diese Beschreibung ein durchaus plastisches Bild in der Vorstellung des Rezipienten. Ganz im Gegensatz zu der versuchten Beschreibung des Kesselraumes im Riesendampfer, die nur Konfusion aber keine Imagination auslöste. Ebenfalls erfährt der Leser bereits an dieser Stelle von der Unwirtlichkeit und Unmenschlichkeit des Gefängnisses Sing Sing. Diesen Umstand dürfte es geschuldet sein, dass *Sing Sing* bis heute in der westlichen Welt als Synonym für ein menschenunwürdiges *Gefängnis* benutzt wird. Kisch prägt diesen schlechten Ruf mit. In seiner Reportage steht der unweit von New York direkt am Hudson River gelegene Gefängnisbau stellvertretend für den gesamten Strafvollzug der Vereinigten Staaten. Vergleichbar mit Sing Sing kann dieser als katastrophal bezeichnet werden:

„Fünfzig Jahre später [nach der Eröffnung, M.S.], 1878, wurde der Bau als untauglich und gesundheitsschädlich erklärt, weil die Menschen in diesen Kerkerhöhlen unweigerlich an Lungenschwindsucht und Gicht zugrunde gingen. Nach weiteren fünfzig Jahren sind diese 930 feuchten, kalten, niedrigen, engen Steinlöcher noch im Gebrauch und 930 Menschen darin."[190]

Die Entsetzen auslösende Darstellung der unhumanen Bedingungen weiß Kisch noch zu steigern, indem er die Zelle beschreibt: *„Darin ist tagsüber ein Klappbett und ein Schemel, in der Nacht auch ein mit Exkrementen gefüllter Eimer und ein Mensch."*[191] Das Wort *Mensch* als letztes in einer Reihe von Wörtern, die Gebrauchsgegenstände bezeichnen, zudem direkt auf den mit menschlichen Unrat gefüllten *Eimer* folgend, zeigt den geringen Wert, dem man hier einem Menschenleben zumisst. Zielgerichtet und mit nur wenigen Worten schafft es Kisch seine Eindrücke und seine Botschaft dem Leser zu vermitteln. Kurz darauf scheint der Reporter aber auch von etwas Positivem berichten zu können. Er beschreibt das Vogelhaus in Sing Sing, wo *„[i]n bunten Käfigen"* viele Exemplare, *„Zeisige, Kanarienvögel, Papageien*

---

[189] EEK: 14 Dinge in Sing Sing. In: GW IV. S. 281.
[190] Ebd. S. 281f.
[191] Ebd. S. 282.

und sogar Kolibris",[192] zu bestaunen sind. Die Vögel dienen aber nicht zur Aufmunterung der Gefangenen. Sie sind Geschenke von Besuchern an die Insassen, die jedoch in diesem Gehege untergebracht werden, da sie in den Zellen *„[b]innen drei Tagen"* sterben würden, denn *„sie halten die Luft dort nicht aus"*.[193] Nach einer ganzen Reihe von Ungeheuerlichkeiten aus dem Gefängnis, ist dieses kontrastierende Beispiel der vorläufige Höhepunkt. Spätestens an dieser Stelle hat Kisch den Leser soweit, dass er glaubt, alles Mögliche und Unmögliche könne in den Gemäuern von Sing Sing passieren. Kisch geht nun auf die Arbeitsbedingungen der Häftlinge ein. Sie werden für ihren siebenstündigen Arbeitstag, bei dem u. a. Schuhe, Bürsten und Druckerzeugnisse für den Staat hergestellt werden, mit anderthalb Cent vergütet. Selbst in ihrem Elend werden die Insassen noch ausgebeutet, scheint Kisch sagen zu wollen; aber die Tortur, nicht nur für die Häftlinge, sondern mittlerweile auch für das Fassungsvermögen des Rezipienten, findet noch kein Ende. Denn schon wartet auf den Leser und auch auf einige Insassen Sing Sings *„der Stuhl, der den Geist des Mittelalters mit der größten Erfindung der Neuzeit, der Elektrizität, vereinigt."*[194] Hier bezieht Kisch den Rezipienten direkt mit ein: *„Auf diesem Stuhl – bitte, Sie können ruhig darauf Platz nehmen, der Strom ist nicht eingeschaltet – auf diesem Stuhl haben schon viele Männer und Frauen gesessen."*[195] Der Leser ist nun mitten im Geschehen und nicht mehr länger nur Beobachter; er wurde von Kisch imaginär auf den Stuhl gesetzt. Hier haben nicht nur die Qualen der Häftlinge ihren Höhepunkt, auch der Leser wird an seine emphatischen Grenzen gebracht. Fast nebenbei demontiert Kisch noch die amerikanische Erfinderikone Thomas Edison. Wie man erfährt, zählt auch der elektrische Stuhl zu dessen Erfindungen, den Kisch, sich auf Edison beziehend, die *„Electrocution"*[196] nennt. Am Beispiel von „Vierzehn Dinge in Sing Sing" wird eine neue Qualität der Reportagen Kischs deutlich. Im Gegensatz zu seinen früheren neusachlich geprägten Schriften, erweist sich kein geschildertes Detail und kein genanntes Faktum als überflüssig. Von Anfang an bricht Kisch mit der Erwartungshaltung des Lesers. Die dargestellten Unerhörtheiten steigern sich stetig und finden ihre Klimax schließlich in der Darbietung des elektrischen Stuhls, auf dem der Reporter den Rezipienten Platz nehmen lässt. Die Reportage berührt den Leser und ist ein nachdrücklicher Appell gegen die Todesstrafe und den für Kisch überholten Strafvollzug in den Vereinigten Staaten. Mit der Fähigkeit den Leser für seine Sache zu gewinnen, erreicht Kisch zugleich eine neue Stufe der Operativität. Der Leser wird

---

[192] Ebd.
[193] Ebd. S. 283.
[194] Ebd. S. 287.
[195] Ebd. S. 288.
[196] Ebd.

nicht nur emotional bewegt und unterhalten, sondern bei ihm werden auch Denkprozesse in Bezug auf einen bestimmten Sachverhalt angestoßen.

Doch nicht nur mit schweren Themen weiß Kisch seinen Leser zu überraschen, auch dem Skurrilen und Abseitigen gewinnt er interessante Erkenntnisse ab. In „Friedhof reicher Hunde" besucht der Reporter eine Ruhestätte für Haustiere. Im ersten Teil der Reportage wird Kisch der Einlass auf den Armenfriedhof von Pottersfield verwährt. Die beiden Wächter des Grundstückes lassen *Doktor Becker*, aufgrund einer fehlenden behördlichen Erlaubnis, den Friedhof nicht betreten.[197] Im zweiten Teil gelangt er zufällig auf einen Haustierfriedhof; dort stellt sich ihm niemand in den Weg. Der Reporter staunt: *„Büsten, lebensgroße Statuen, Hochreliefs und Basreliefs aus Marmor"* bekommt er zu sehen, *„[v]on den bekanntesten Bildhauern Amerikas wurden die Grabdenkmäler geschaffen".*[198] Hätte der Berichterstatter des Bandes „Der rasende Reporter" wohl noch auf mindestens zwei Seiten den Friedhof in allen Details beschrieben, wird nun lediglich von den markantesten Beobachtungen berichtet. Und das ist vollkommen ausreichend, denn der Leser erkennt bereits die Unverhältnismäßigkeit auf die Kisch anspielt. Erst recht wenn der Reporter erwähnt, dass einige der Skulpturen, die die Gräber zieren, *„80 000 Dollar gekostet haben".*[199] Zudem konstatiert Kisch: *„Man muß zugestehen, daß alle hier so liegen, wie sie gelebt haben: bequem."*[200] Aufschlussreiches entdeckt der Reporter bei der Ruhestätte des Hundes Dolly. Auf dessen *„Marmorobelisk"* stehen *„nur zwei Daten: geboren 24. Oktober 1914, gestorben 6. Oktober 1918".*[201] Der Reporter spielt hier auf den Zeitraum des ersten Weltkriegs und das Massensterben an, sowie die anonymen Beerdigungen bzw. Verscharrungen der Gefallenen: *„[N]icht jeder, der um diese Zeit starb, hat ein Grab, geschweige denn ein solches wie das vierjährige Hündchen."*[202] Ebenfalls trifft Kisch *„noch auf das Grab eines Kriegshundes"*[203] und hält fest, dass *„die Kriegshunde an der Front das geführt [haben], was Hunde unter sich wohl als ‚ein Menschenleben' bezeichnen mögen."*[204] Hier artikuliert Kisch den Tenor der Reportage äußerst deutlich: Indem er aus dem umgangssprachlichen *Hundeleben* ein *Menschenleben* macht, kehrt der Berichterstatter die Konnotation beider Begriffe um. Er behauptet, dass sogar die Hunde reicher Leute besser leben würden, als mancher Mensch. Selbst bei einer solchen Absonderlichkeit, wie der eines Hundefriedhofs, gelingt es dem Reporter, pointierte Aussagen

---

[197] Vgl. EEK: Friedhof reicher Hunde. In: GW IV. S. 171f.
[198] Ebd. S. 173.
[199] Ebd.
[200] Ebd.
[201] Ebd.
[202] Ebd.
[203] Ebd. S. 174.
[204] Ebd. S. 175.

über die amerikanische Gesellschaft zu treffen. Dass der Kapitalismus allen Menschen Wohlstand bringe und die Klassenunterschiede auflöse, erscheint, an diesem Exempel gemessen, wie Hohn. Denn selbst einige Haustiere gehören offenbar einer finanziell bessergestellten Klasse als das Gros der Arbeiterschaft an. Das Auseinanderklaffen sozialer Gruppen in den Vereinigten Staaten wird offensichtlich. Am Ende der Reportage resümiert Kisch: *„Doktor Becker [kann] nicht finden, daß diese prunkvolle öffentliche Stätte einen Widersinn zu dem Armenfriedhof bildet, den zu betreten ihm verwehrt wurde. Der reiche Hund ist hier begraben, wie er gelebt hat, und drüben auf Pottersfield geht es dem armen Menschen ebenso."*[205]

Auf jene Leute, die sich in der Situation befinden, um ihr tägliches Brot kämpfen zu müssen, geht Kisch noch mehrmals in „Paradies Amerika" ein. In der Reportage „Sechstausendmal: ‚Nothing In!'" unterzieht er den Umgang Hollywoods mit seinen Statisten und Kleindarstellern einer näheren Betrachtung. Dramaturgisch bedient sich Kisch dabei eines Tricks: Die Rahmenhandlung, in welche die recherchierten Fakten eingebettet sind, ist fiktiv. In der Reportage lässt Kisch den *„lieb[en] Gott das kurze Stückchen auf die Erde hinab und dann das lange Stück im Fahrstuhl des Hollywood Western Building (Ecke Hollywood Boulevard und Western Boulevard) wieder hinauf[fahren]."*[206] Grund des Besuchs Gottes ist, dass er gerne sehen möchte, wie sich seine Schöpfung entwickelt hat. Auf Petrus Empfehlung hin, besucht er Hollywood. Dort angekommen, landet er bei einer Castingagentur im besagten Western Building. Die Gründerväter der Vereinigten Staaten bezogen sich selbst auf göttliche Vorsehung; und so schrieb Thomas Jefferson in der Unabhängigkeitserklärung: *„[D]aß sie [die Menschen, M.S.] von ihrem Schöpfer*[207] *mit gewissen unveräusserlichen Rechten begabt worden, worunter sind Leben, Freyheit und das Bestreben nach Glückseligkeit."*[208] Um diese gottgegebenen Grundwerte steht es aber anscheinend schlecht, wie der himmlische Vater in Kischs Reportage erfahren muss. Kaum angekommen, wird Gott fast abgewiesen, als er sich vorstellt. Ihm wird entgegnet, dass man in der Statistenkartei *„schon zweiundzwanzig bessere liebe Gotte"*[209] habe. Schließlich gewährt man ihm trotzdem einen Einblick in die Agentur und das Filmgeschäft. Gott muss erfahren, dass 13.000 Statisten in der Agentur registriert sind, davon rufen täglich 6.000 an, um sich nach Arbeit zu erkundigen. Doch nur für 750 gibt

[205] Ebd.

[206] EEK: Sechstausendmal: „Nothing In!". In: GW IV. S. 127.

[207] Der erwähnte Schöpfer in der Unabhängigkeitserklärung kann allerdings auch als ein Naturgott und nicht biblischer Gott interpretiert werden. Unbestreitbar bleibt dennoch die religiöse Verankerung der Vereinigten Staaten, mit ihrem pluralistischen religiösen Gemeindewesen.

[208] Die Entstehung der Vereinigten Staaten und ihrer Verfassung. Dokumente 1754 - 1791. Hrsg. von Angela Adams und Willi Paul Adams. Münster: Lit Verlag 1995. S. 214.

[209] EEK: Sechstausendmal: „Nothing In!". In: GW IV. S. 128.

es einen Auftrag.[210] Die anderen werden am Telefon mit einem *„nothing in"* abgefertigt, *„was ins Deutsche übersetzt bedeutet: ‚Morgen gibt es keine Arbeit, keinen Verdienst und daher drei bis vier Tage für einen Menschen oder eine Familie nichts zu essen.'"*[211] Weiter erfährt Gott, dass die Statisten für wenige Dollar am Tag arbeiten, obwohl sie mitunter die Hauptdarsteller doubeln, welche *„manchmal achthundert Dollar pro Tag"*[212] verdienen. Abschließend lässt Kisch Gott die Agentur überstürzt verlassen: *„Das ist also meine berühmte Welt! Ich habe es nicht gewollt, nein, ich habe es nicht gewollt."*[213] Die Reportage ist mit einem Gott, der über das Filmgeschäft ins Staunen gerät, komödiantisch angelegt. Dennoch übt der Text in mehreren Punkten wirksam Kritik an der amerikanischen Gesellschaft. Zu unterhalten und trotzdem wirkungsvoll zu kritisieren steht bei Kisch in keinem Widerspruch mehr. Zum einen wird Hollywood, Ort des filmischen Zaubers, als anscheinend fauler Zauber entlarvt. Die Produktion der Spielfilme geht Kisch zufolge auf Kosten einer ganzen Heerschar von schlecht bezahlten Statisten, die ein Dasein in unsicheren Arbeitsverhältnissen fristen. Zum anderen intendiert die verzweifelte Flucht Gottes von diesem Ort eine Gottlosigkeit des Geschäftes. Religiöse Werte, wie die christliche Nächstenliebe, scheinen hier keine Rolle zu spielen oder müssen zumindest hinter ökonomische Aspekte zurücktreten. Kisch findet somit inmitten der USA das vor, was die westliche Welt den Bolschewiki vorwirft: Atheismus und Ungläubigkeit. Trotz der fiktiven Rahmenhandlung folgt der Leser den Ausführungen des Berichterstatters. Dies dürfte an dem einfachen Umstand liegen, dass man sich auch Kisch, wie er durch Fotoarchiv und Telefonzentrale der Castingagentur geführt wird, anstelle Gottes vorstellen kann. Die Reportage büßt aufgrund des göttlichen Protagonisten nicht an Authentizität ein, vielmehr wird durch ihn erst die Deutungsebene der Gottverlassenheit Amerikas ermöglicht.

Neben Hollywood nimmt Kisch ein weiteres Vorzeigeobjekt der Neuen Welt in Augenschein: Die Automobilfabrik des Henry Ford, der in der Weimarer Republik als Geschäftsmann moderner Prägung einen guten Ruf genießt.[214] Kisch folgend geht Fords Massenproduktion, unter rein wirtschaftlichen Gesichtspunkten betrachtet wohl äußerst effizient, einher mit fatalen Bedingungen für die Arbeiter. Die Missachtung der Angestellten beginnt mit einem schlichten Rauchverbot auf dem gesamten Fabrikareal – denn *„Mister Ford ist Nicht-*

---

[210] Vgl. ebd. S. 134.
[211] Ebd.
[212] Ebd. S. 131.
[213] Ebd. S. 135.
[214] Hierzu findet sich Näheres im Kapitel 2.2, „Kultur und Politik in der Weimarer Republik / Der Kapitalismus des Henry Ford", dieser Arbeit.

raucher"[215] – und wird immanent bei der 15-minütigen Mittagspause, von welcher acht Minuten abgehen, um überhaupt das Essen in der Betriebskantine ausgeschenkt zu bekommen. Möglichkeiten beim Essen zu sitzen, gibt es nicht – *„Mister Ford ist nicht nur Nichtraucher, sondern er ist auch Nichtstammgast der Nahrungsmittelkarren."*[216] Außerdem sind keine Kleiderschränke vorgesehen und Toiletten nur unzureichend vorhanden: *„Denn Mister Ford ist nicht nur Nichtraucher und Nichtstammgast der Karren, sondern auch Nichtkleiderableger und Nichtbenutzer der Aborte."*[217] Im ersten Drittel der Reportage „Bei Ford in Detroit" geht Kisch pro Abschnitt auf einen Missstand des dortigen Arbeitsumfeldes ein; im jeweils abschließenden Satz wird dann immer der *Nichtraucher Mister Ford* genannt. Auch wenn es Kisch nicht direkt ausspricht, diese Kompositionsmethode impliziert, dass der Firmenchef Henry Ford an jedem dieser Zustände persönlich Schuld trägt und nichts dagegen unternimmt. Darüber hinaus geht Kisch auch auf den eigentlichen Arbeitsprozess ein. Er beobachtet wie Maschinen *„haarscharf über den Köpfen"* der Arbeiter hinwegschwingen und diese am Fließband den Teilen hinterher hetzen: *„Hart an hart stehen die Arbeiter [...], knapp vor dem Gesicht des linken Nachbars die Behandlung des Stückes in Angriff nehmen, unmittelbar vor dem Gesicht des rechten Nachbars vollenden müssen."*[218] Beschrieb Kisch in „Stahlwerk in Bochum, vom Hochofen aus gesehen" noch ausgiebig und bewundernd die Maschinen, obwohl sie die Gesundheit oder gar das Leben der Arbeiter bedrohten, beschränkt er sich nun auf die nötigsten Details. Der Reporter hat inzwischen wohl erkannt, dass eine Huldigung der Technik bei gleichzeitigem Klagen über die Arbeitsbedingungen einen Widerspruch darstellt, der die Kritik abschwächen würde. Kein Widerspruch ist es für Henry Ford, seine verletzten Angestellten noch arbeiten zu lassen: *„[E]in schwarzes Wachstuch, über das Krankenbett gespannt, ist ihre Werkbank, auf der die Patienten Schrauben an Bolzen befestigen"* und *„[w]er nicht imstande ist, weiterzuarbeiten, bekommt keinen Lohn und auch keine Krankenunterstützung."*[219] Auch für harte Fälle ist gesorgt, in den Ford-Werken arbeiten u. a. *„Armlose"* und *„Blinde"*.[220] Wie in „Vierzehn Dinge in Sing Sing" reiht Kisch hier einen unglaublich erscheinenden Fakt an den nächsten. Dem Leser drängt sich der Eindruck auf, dass das Beschriebene wohl kaum die schöne Neue Welt sein kann; auch weil die zu verrichtende Arbeit stupide und monoton ist: *„Ein Griff nach der Kette, Auflegen der Schraubenmutter, ein Griff nach der Kette, Einstecken der Schraube, ein Griff nach der Kette, zwei Hammer-*

---

[215] EEK: Bei Ford in Detroit. In: GW IV. S. 265.
[216] Ebd. S. 266.
[217] Ebd.
[218] Ebd. S. 270
[219] Ebd. S. 269.
[220] Ebd.

schläge, ein Griff nach der Kette [...]"[221] Henry Ford selbst sieht es in seinem Buch „Mein Leben und Werk", im Kapitel benannt „Der Terror der Maschine" (!), überraschenderweise nicht anders: *„[D]ie ständige Wiederholung ein und derselben Tätigkeit in ein und derselben Weise [...] Mir wäre es ein grauenvoller Gedanke."*[222] Aber für seine Arbeiter ist das kein Problem, denn *„für die meisten Menschen ist das Denkenmüssen eine Strafe. Ihnen schwebt als Ideal eine Arbeit vor, die keinerlei Ansprüche an den Schöpferinstinkt stellt."*[223] Am Ende der Reportage blickt Kisch über die Ford-Werke hinaus. Müssen unmenschliche Arbeitsbedingungen und ständige Existenzangst nicht auch Auswirkungen auf das Leben der Angestellten außerhalb der Fabrikhallen haben, bzw. müsste nicht das Klima einer Gesellschaft dadurch geprägt werden? Kisch gibt dem Leser einen Denkanstoß, und einen (Mit-) Schuldigen glaubt er auch zu kennen: *„Man darf sich im Auto, oder während man auf die Straßenbahn wartet, eine Zigarette anzünden und nach Hause fahren durch den Osten Detroits, der Stadt, die mehr Verbrechen aufweist als Chicago, mehr Morde, Totschläge und Raubüberfälle aufweist als irgendeine andere Stadt des Erdballs. Mister Ford aber ist Nichtraucher."*[224]

Was bei der Lektüre von „Paradies Amerika" auffällt, ist, dass Kisch die beobachteten Details und gesammelten Fakten in seinen Reportagen nun dergestalt einbaut, dass sie von der wesentlichen Aussage nicht mehr ablenken. Mehrseitige Beschreibungen, z. B. ganzer Straßenszenen, wie noch in „Zaren, Popen, Bolschewiken" oder „Der rasende Reporter", sind verschwunden. Die Reportage wird in diesem Band von Kisch ausschließlich zum Zwecke der Kritik genutzt. Texte, die lediglich von beliebigen Skurrilitäten (wie der Besuch beim türkischen Masseur im Russlandreisebuch) berichten, aber keinen Beitrag zum Thema des Bandes liefern, sind nicht mehr zu finden. Und selbst wenn Abseitiges und Merkwürdiges behandelt wird, weiß Kisch Aufschlussreiches über die amerikanische Gesellschaft mitzuteilen: Die seitenlange Beschreibung der Spielregeln des American Football erhalten ihre Berechtigung durch die nebenbei vermittelte Beobachtung, dass der brutale Spielritus anscheinend auf das Verhalten der Zuschauer übergeht. Und der Besuch eines Hundefriedhofes bleibt nicht Selbstzweck, sondern wird von Kisch genutzt, um die Klassenunterschiede in den USA darzustellen. In den Reportagen „Vierzehn Dinge in Sing Sing" und „Bei Ford in Detroit" reiht Kisch Fakt an Fakt, ein jeder schwerer verdaulich als der vorausgegangene. Der Rezipient glaubt schließlich, dass Sing Sing und die Ford-Werke Inbegriff des Unhumanen wären. In „Sechstausendmal: ‚Nothing In!'" wird eine fiktive Rahmenhandlung mit satirischen Aspekten ge-

---

[221] Ebd. S. 270.
[222] Ford, H.: Mein Leben. S. 120.
[223] Ebd.
[224] EEK: Bei Ford in Detroit. In: GW IV. S. 272.

nutzt, um den *Statistenhandel* in Hollywood, der in Kischs Beschreibung durchaus an *Menschenhandel* erinnert, adäquat darzustellen. Die hier ausgewählten und untersuchten Reportagen geben somit einen guten Querschnitt von Kischs Qualitäten als Autor zum Ende der 1920er Jahre. Der unverbindliche Flaneur, der sich zwischen Sozialkritik und sensationsheischender Unterhaltung nicht entscheiden konnte, ist endgültig überwunden. In „Paradies Amerika" ist alles Sozialkritik. Kisch gelingt es, ein glaubhaftes und vielschichtiges Bild der Vereinigten Staaten zu zeichnen. Er zerstört den Mythos des vor Armut rettenden Kapitalismus und gibt Einblicke in die gesellschaftlichen Missstände der Neuen Welt. Natürlich ist Kischs Blick auf die USA subjektiv geprägt. Aber der Maßstab, den er an das Beobachtete anlegt, ist im Grunde der idealistische Glaube an unveräußerliche Menschenrechte: Gleiche Rechte und gleiche Chancen für alle. Obwohl Kisch nun die Gegenwart eindrucksvoll abbilden kann und mitunter auch bereits Interesse an den in der Vergangenheit liegenden Ursachen und Gründen für gesellschaftliche Phänomene zeigt, verwehrt er dem Leser immer noch den Ausblick in die Zukunft. Mögliche Wege aus der Misere werden von Kisch nicht aufgezeigt. Damit verspielt er wiederum ein großes Potenzial hinsichtlich operativer Möglichkeiten und somit von Einflussnahme auf gesellschaftliche Prozesse. Denn der damalige Leser, ob nun bürgerlich oder proletarisch, wurde zwar entweder in seinem Amerikabild bestätigt oder musste dieses revidieren; doch dem Arbeiter, von den in „Paradies Amerika" dargestellten Ungerechtigkeiten persönlich betroffen, ist kein Ausweg, keine Handlungsmöglichkeit zur Verbesserung seiner Situation dargeboten worden. Kischs Darstellung des amerikanischen Arbeiters ist zudem, wie Rudolf Geissler anmerkt, nicht kohärent.[225] In den Ford-Werken als Ausgebeuteter dargestellt, heißt es an anderer Stelle der Anthologie (in „Seine Majestät der Kaugummi"): *„Der Hauptgrund für den Erfolg [des Kaugummis, M.S.] lag im amerikanischen Volkscharakter, der zu rasend geschäftigem Müßiggang neigt."*[226] Das Bild des faulenzenden Arbeiters, das Kisch ja selbst mehrfach im gleichen Band widerlegt, greift er in „Als Leichtmatrose nach Kalifornien" nochmals auf:

„Meine Gäste [Kisch schlüpft in die Rolle eines Schiffskellners, M.S.] gehören zum Volk derer, die allmorgendlich und allabendlich den gleichen Fraß im Automatenrestaurant herunterschlingen [...] Sie hasten vom Essen weg und stehen bei der Arbeit

---

[225] Vgl. R. Geissler: Entwicklung Kisch. S. 65f.
[226] EEK: Seine Majestät der Kaugummi. In: GW IV. S. 147.

herum, sie sind das Volk, das in der Pause eilt und sich bei der Arbeit Zeit läßt. (Skla-
ven und Emigranten werden's schon erledigen.)"[227]

Hier möchte Kisch wohl erneut auf die angebliche Gleichmacherei des Kapitalismus hinwei-
sen, die eigentlich dem bolschewistischen Kollektivismus vorgeworfen wird. Er verfehlt allerdings durch die implizierte Beleidigung des Arbeiters sein Ziel.[228] An diesen wenigen Stellen
bleibt dann doch der alte Berichterstatter aus „Der rasende Reporter", der überheblich aus
einer bildungsbürgerlichen Sicht urteilt, noch erkennbar. Mit dieser Unbedachtheit läuft Kisch
Gefahr, ein proletarisches Publikum zu verschrecken, statt es mit seinen Schriften zu erreichen.

---

[227] EEK: Als Leichtmatrose nach Kalifornien. In: GW IV. S. 103f.
[228] Vgl. R. Geissler: Entwicklung Kisch. S. 66.

5. Phase III: Der historisch-materialistische Reporter

5.1 Vergangenheit, Gegenwart und Zukunft: Der Reportageband „Asien gründlich verändert"

Mit „Asien gründlich verändert" erschien im Jahr 1932 Kischs zweites Russlandreisebuch. Im Gegensatz zu „Zaren, Popen, Bolschewiken", welches das erste Aufeinandertreffen des Reporters mit der sowjetischen Gesellschaft dokumentiert, hielt sich Kisch in den folgenden Jahren regelmäßig in der UdSSR auf. Bereits im Herbst 1930 war er als Delegierter des *Bund proletarisch-revolutionärer Schriftsteller (BPRS)* zum Schriftstellerkongress in Charkow, der damaligen Hauptstadt der Sowjetrepublik Ukraine, gesandt worden. An der dortigen Universität wurde er zugleich zum Professor der Journalistik berufen. Im Frühjahr des darauffolgenden Jahres unternahm er dann jene Reisen, deren Erlebnisse Gegenstand des Bandes „Asien gründlich verändert" wurden. Er besuchte in Zentralasien Länder wie Usbekistan, Tadschikistan, Buchara sowie Samarkand und reiste bis an die afghanische Grenze.[229] Kisch versuchte auf diese Weise, aktuelle gesellschaftliche Entwicklungen mit seinen Mitte der 1920er Jahre gewonnenen Eindrücken zu vergleichen. In der Sowjetunion wurde seit 1928 der erste Fünfjahresplan umgesetzt und der Reporter besuchte nun Gebiete, *„die wenige Jahre zuvor in technischer und sozialer Hinsicht noch so rückständig waren, daß in jedem Fall ein Fortschritt zu verzeichnen war."*[230]

Dieser Band gehört mit seinen 19 Reportagen zu den weniger umfangreichen Kischs. Die Auseinandersetzung mit historischen Prozessen und persönlichen Entwicklungen (also Zeitläufte) ist in den Reportagen nun allgegenwärtig. Diente Kisch die Reportage in „Zaren, Popen, Bolschewiken" noch hauptsächlich dazu, Fortschritte hervorzuheben, und in „Paradies Amerika" dazu, ausschließlich Kritik zu üben, ist in „Asien gründlich verändert" die Kombination beider Methoden zu beobachten. Ursachen werden kritisch betrachtet und positive Entwicklungen der Gegenwart beschrieben. Kisch berichtet aber auch weiterhin über bestehende Missstände und dabei stellt er erstmals Prognosen von einer weiteren Entwicklung auf. Es wird offensichtlich, dass der Reporter sich als historisch-materialistisch operierend versteht. Außerdem stellt sich der *Reporter Kisch* nicht mehr ausschließlich selbst in den Mittelpunkt der Reportage. Bisher war er es, der häufig als Dreh- und Angelpunkt der Geschichte

---

[229] Vgl. M. Patka: Streitbarer Autor. S. 123.
[230] Ebd.

fungierte. Wenn nicht direkt von einem *ich* die Rede war, versteckte sich der Reporter bisher hinter einem *man* oder *wir* oder Pseudonymen wie das des *Doktor Becker*. Der Berichterstatter tritt in diesem Band mehrmals komplett in den Hintergrund und lässt stattdessen interviewte Protagonisten zu Wort kommen, deren Aussagen nun Situationen und Begebenheiten vermitteln sollen. Bei Kisch sind somit auch erstmalig menschliche Schicksale von zentraler Bedeutung. Die Identifikation des Rezipienten verlagert sich hierdurch vom Berichterstatter auf die dargestellten Personen. An den folgenden vier ausgewählten Reportagen sollen die soeben genannten Punkte veranschaulicht und deren Auswirkung auf die Operativität der Texte untersucht werden.

Die Reportage „Zweifarbendruck von Taschkent" präsentiert sich vordergründig als ein aufgezeichneter Stadtrundgang. Der Berichterstatter flaniert durch die usbekische Hauptstadt, beschreibt Straßenszenen, besucht eine ehemalige Moschee und das Theater sowie den örtlichen Frauenclub. Die Darstellung der Stadt wird aber nicht zum bloßen Selbstzweck betrieben. Kisch stellt seinem Wissen von der Historie Taschkents die vorgefundene Gegenwart gegenüber. So gelingt es ihm, soziale Fortschritte aufzuzeigen, aber auch immer noch bestehendes Unrecht zu offenbaren. Eine Besonderheit der Reportage ist, dass Kisch jedem Abschnitt eine *Spitzmarke* voranstellt, wie sie bei einer Nachrichtenmeldung benutzt wird. Im Gegensatz zur Verwendung in der Presse, die dazu dient den Ort der Meldung zu kennzeichnen, nutzt Kisch hier keine Städtenamen, sondern entweder die Wörter *Graue Farbe* oder *Rote Farbe*. Abschnitte, die mit Ersterem eingeleitet werden, beschreiben vergangene rückständige Zustände oder aktuelle Missstände in Taschkent; wird *Rote Farbe* vorangestellt, geht es um die Gegenwart und Verbesserungen der Lebenssituation oder sich zumindest abzeichnende Fortschritte.[231] Die Wahl von *grau* dürfte aufgrund der normalerweise damit assoziierten Tristheit gefallen sein, *rot* hingegen ist die Farbe der noch jungen und idealistischen Sowjetunion. Am Anfang der Reportage beschreibt Kisch das Stadtbild Taschkents, das für lange Zeit von der Ghettoisierung der Altstadt geprägt war: *„G r a u e   F a r b e : [...] Die Altstadt aber, Ghetto der Usbeken, hatte in einer Distanz von zwei Kilometern abseits zu stehen und war ein jämmerlich vernachlässigter Bezirk."*[232] Im unmittelbaren Anschluss daran wechselt Kisch in die Gegenwart und berichtet von den Veränderungen: *„R o t e   F a r b e : Um den klaffenden Zwischenraum auszufüllen, werden jetzt fast alle Neubauten, deren die rasend emporschießende Hauptstadt bedarf, in der Altstadt aufgeführt, Fabriken, Arbeitshäu-*

---

[231] Vgl. R. Geissler: Entwicklung Kisch. S. 80.
[232] EEK: Zweifarbendruck von Taschkent. In: GW III. S. 232.

ser, Konsumgenossenschaften, Schulen, Klubs. "[233] Allerdings gibt es immer noch Probleme: *„G r a u e   F a r b e: Trotzdem unterscheiden sich die Straßen der Altstadt noch immer kilometerweit durch nichts von den Negerdörfern der nördlichen Sahara, durch nichts von den schmutzigen Außenbezirken von Tunis. "[234]* Nach diesem hier verdeutlichten Schema, springt Kisch im weiteren Verlauf der Reportage kreuz und quer durch Taschkent und erzeugt den wohlbekannten *Wirbel* des *rasenden Reporters.* Dem Leser erscheint es, als würde Kisch bei seinem Rundgang in viele verschiedene Häuser hineinspähen und dort unterschiedlichste Aspekte der usbekischen Gesellschaft betrachten; u. a. sind Ökonomie, Religion und die Stellung der Frau ein Thema. Der Reporter belässt es jedoch nicht bei einfachen Beschreibungen; mit Analysen und historischen Fakten wird das Dargestellte fundiert. Der Leser gewinnt dadurch nicht nur ein visuelles Bild der Stadt, sondern auch die Gesellschaft, in der diese verwurzelt ist, wird plastisch veranschaulicht. Ein eklatanter Unterschied gegenüber dem Moskauer Rundgang in „Zaren, Popen, Bolschewiken", der noch eine willkürliche Detailanhäufung bot. Kischs erwachtes Interesse an der Darstellung von Prozessen wird am Beispiel des sich verändernden Verhältnisses der Frauen zu ihrer Verschleierung deutlich. Kisch führt eine zusätzliche *Spitzmarke* (*grau-rot*) ein, um den Übergang zwischen *alt / archaisch* und *neu / fortschrittlich* aufzuzeigen:

> *„G r a u e   F a r b e: [...] Neben einer der verschleierten Theaterbesucherinnen sitzt ihre Tochter. G r a u - r o t e   Ü b e r g a n g s f a r b e: Wie ihre Mutter ist sie in das Nationalgewand, Parandscha, gehüllt, das vom Kopf bis zu den Knöcheln reicht, aber sie ist nicht verschleiert. R o t e   F a r b e: Und das Mädchen neben ihr – Freundin? Schwester? – hat kurzes Haar, europäische Kleidung. "[235]*

Die Mutter ist noch ganz der alten Tradition des aufgezwungenen Verschleierns verhaftet, die beiden Mädchen jedoch haben bereits den Schleier oder gar das ganze Gewand abgelegt. Diese Entwicklung wird eindeutig vom Reporter als progressiv betrachtet. Die Darstellung solcher Errungenschaften der UdSSR fehlt nun jener fahle Beigeschmack den die Lektüre des Bandes „Zaren, Popen, Bolschewiken" noch mit sich brachte: Hier überwog eindeutig das Lob die Kritik. Aber in „Asien gründlich verändert" kritisiert Kisch nun permanent. So berichtet er im weiteren Verlauf der Reportage von hygienischen Problemen: *„R o t e   o d e r*

---

[233] Ebd.
[234] Ebd.
[235] Ebd. S. 234.

g r a u e   F a r b e? Da putzen sich junge Leute im Kanal der Altstadt die Zähne und gurgeln das trübe Wasser, in dem der Nachbar, von der hygienischen Agitation beeinflußt, sich die Füße wäscht."[236] Bei genauerer Betrachtung des Textes fällt auf, dass selbst für die heutige Zeit brisante Themen angesprochen werden. So wird die Diskussion um die gesellschaftliche Anerkennung der Frau aufgegriffen; an anderer Stelle wiederum propagiert Kisch sogar das Recht auf Abtreibung als gesellschaftlichen Fortschritt.[237]

Von der Emanzipation der Frau handelt ebenfalls „Ich, Chassjad Mirkulan". Zugleich ist die Reportage ein eindrückliches Beispiel dafür, dass Kisch bereit ist, den Berichterstatter nicht mehr zwingend als Protagonisten auftreten zu lassen. Stattdessen berichtet eine junge Frau namens Chassjad Mirkulan in Form eines Monologes von ihrem Leben. Der Reporter kann somit weder in der zentralen Rolle noch als kommentierender Beobachter auftreten. Die Funktion des Berichterstatters wird beschränkt auf die Niederschrift der Aussagen Mirkulans und deren Arrangement. Kisch geht bei der Anordnung streng chronologisch vor. Er beginnt mit der Kindheit und Jugend Mirkulans im Ferghanatal. Die ihren religiösen Traditionen verhaftete Familie verschleiert sie mit acht Jahren und noch als Minderjährige wird sie zwangsverheiratet. Nach dem frühen Tod ihres Mannes wird Mirkulan in die Obhut eines Wunderpriesters gegeben. Als sie zufällig einer Gruppe von Frauen begegnet, die gegen die Unterdrückung des weiblichen Geschlechts demonstrieren, schließt Mirkulan sich ihnen an. Sie legt ihren Schleier ab, geht in eine Schule und bewirbt sich erfolgreich an einer Universität. Im Alter von 30 Jahren wird Mirkulan Vizebürgermeisterin von Djuschambe. Anschließend geht sie nach Garm, um dort im Auftrag der Partei u. a. gegen Kinderehen und Vielweiberei vorzugehen.[238] An dieser Stelle, in der Gegenwart angekommen, beendet Kisch die Reportage. Die Biografie Chassjad Mirkulans lässt sich als Beschreibung einer langjährigen Emanzipation lesen. Zum einen wirkt sie als Kritik an den archaisch anmutenden Wertevorstellungen ihrer Kultur und an Gesellschaftsformen, in der diese vorherrschen; zum anderen wird ein positiv konnotierter Wandel der Gesellschaft durch die Bolschewiki dargestellt. Indem Kisch die junge Frau in den Mittelpunkt stellt, ergibt sich für den Leser die Möglichkeit, sich mit ihr zu identifizieren. Vor allem dem von Kisch anvisierten proletarischen Publikum dürfte wohl eine Identifikation mit einem Reporter als Hauptprotagonisten schwer gefallen sein. Der in der Welt umherreisende, gebildete Schreiberling lebte schlichtweg in einer anderen Sphäre (und gesellschaftlichen Klasse) als der Proletarier. Durch die Verlegung des Blickwinkels auf

---

[236] Ebd. S. 238.
[237] Vgl. ebd. S. 236.
[238] Vgl. EEK: Ich, Chassjad Mirkulan. In: GW III. S. 348 - 357.

eine einfache Frau, die jahrelang unterdrückt wurde, erlangt Kischs Reportage ein hohes Maß an Operativität. Dem Leser wird die Wandlung einer Person vorgeführt und damit ist die Chance gegeben, dass der Rezipient aufgrund der Lektüre Rückschlüsse auf das eigene Leben zieht. Und somit seine eventuell vorhandene Unterdrückung erkennt und daraufhin Selbstbestimmung und soziale Gleichstellung einfordert. Mögliche Wege werden in der Reportage aufgezeigt, die dabei auftretenden Schwierigkeiten und Rückschläge nicht verschwiegen (u. a. wird Mirkulan von ihrem zweiten, diesmal freiwillig angetrauten Ehemann verlassen). Kisch versucht dem Leser durch die Reportage zu vermitteln, dass ein gesellschaftlicher Umbruch, ganz unten in der hierarchischen Ordnung, beim unterdrückten Individuum selbst, mit einer persönlichen Kraftanstrengung beginnt.

Weniger um den historischen als um den Prozess einer Herstellung geht es in „Reise von der Quelle bis zur Mündung der Seide". Wie der Titel bereits aussagt, thematisiert die Reportage die Seidenproduktion. Schon früher versuchte Kisch die Fabrikation bestimmter Güter zu dokumentieren. In schlechter Erinnerung ist dem Leser dabei die Stahlproduktion in Bochum geblieben. Beschrieb Kisch in dieser Reportage einzelne Produktionsphasen noch mit einer ans Lyrische erinnernde Sprache, ohne allerdings dabei dem Leser ein wirkliches Verständnis des Herstellungsverlaufes zu vermitteln – woran durchaus der emphatische Sprachgebrauch mitschuldig war –, erfasst er nun jede Station des Rohstoffes auf dem Weg zur gewobenen Seide. Kisch unterteilt die Reportage in vier Abschnitte. Der Erste handelt von der Entstehung jener Kokons, die das Material der Seide liefern. Kisch geht hierbei soweit, die Zeugung des Seidenwurms an den Anfang des Herstellungsprozesses zu setzen, und stellt im ersten Satz fest: *„Ab ovo, vom Ei an muß man bei der Seidenerzeugung beginnen."*[239] So erfährt der Leser vom Schlüpfen des Wurms, seinem anschließenden Kokonbau samt Verpuppung und der Verwandlung zum Falter, der sich sofort paart und daraufhin stirbt. Der zweite Abschnitt der Reportage wählt als Ort eine Kokonsammelstelle. Kisch berichtet nicht nur vom Trocknen der Kokons: Unvermittelt geht er auf das Schicksal der Leiterin der besuchten Sammelstelle ein. Auffällig ist, dass erneut auf die ehemals missliche Situation einer Frau aufmerksam gemacht wird. Offenbar sieht Kisch, lange vor der Mehrheit der westlichen Welt, in der Gleichberechtigung der Frau einen Gradmesser für die Fortschrittlichkeit einer Gesellschaft. In der UdSSR glaubt er, positive Ansätze auf diesem Gebiet zu erkennen. Bereits im ersten Abschnitt berichtet der Reporter, mit einem historisch geschärften Blick, von der Rolle der Frau bei der Seidenproduktion:

---

[239] EEK: Reise von der Quelle bis zur Mündung der Seide. In: GW III. S. 289.

„Zunächst – sozusagen Altertum – waren es die Männer, die die Eier abholten und nach Monatsfrist die fertigen Kokons gegen Geld ablieferten; die Frauen hatten nur die Arbeit: Fütterung und Pflege der Raupen. Die zweite Phase – sozusagen Mittelalter –: der Muselman erhöhte das Arbeitspensum seiner angetrauten Sklavin und vereinfachte sein eigenes, indem er sie auch die Eier abholen schickte. Er selbst brachte nur die Kokons in die Fabrik und steckte den Preis ein. Aber hier erfolgte der dialektische Umschlag: in der Kokonanstalt wurden die Frauen darüber aufgeklärt, daß dem, der die Arbeit leistet, die Bezahlung gebührt. So kamen das nächste Mal – sozusagen Neuzeit – die Frauen selbst, um Kokons abzugeben und Geld zu erhalten. Nunmehr besteht fast die ganze Klientel aus Frauen, sie sind es, mit denen man die Verträge abschließt [...]"[240]

Wie schon in den beiden zuvor besprochenen Reportagen stellt Kisch eine altertümlich erscheinende Vorzeit in direktem Kontrast zur Gegenwart. Der positive Umschwung fällt dabei immer in jene Zeit, in der die Bolschewiki die Herrschaft in Russland ergriffen. Somit erscheinen bei Kisch die sozialen Besserungen als Verdienst des neuen Gesellschaftssystems. Nach der gleichen Methode berichtet der Reporter auch vom Schicksal der bereits erwähnten Sammelstellenleiterin: Ihr Mann, ein Partisanenführer, wurde von Weißgardisten erschossen, weil er die Internationale sang. Ebenso brachten die *„Weißen"*[241] ihre beiden Kinder um; sie selbst wurde vergewaltigt. Seitdem erleidet sie, immer wenn in ihrer Gegenwart die Internationale gespielt wird, epileptische Anfälle. Dennoch ist sie mittlerweile zur Führungskraft aufgestiegen und nun in Sorge um den Fünfjahresplan. Für dessen Einhaltung wurde der Region als Belohnung eine neue Fabrik versprochen. Nach einem schlechten letzten Jahr muss allerdings härter gearbeitet werden, um die Vorgaben doch noch zu erreichen. Die Leiterin ist sich aber siegesgewiss: *„Es wird uns gelingen. Und wenn man die Fabrik zu bauen anfängt, lasse ich die Internationale spielen. – Dann ist die Vergangenheit vorbei."*[242] Es zeigt sich, dass die Darstellung von menschlichen Schicksalen für Kisch unverzichtbar geworden ist. Ihm genügt offensichtlich eine Reportage mit ausschließlich technischem Schwerpunkt nicht mehr. Im dritten und abschließenden vierten Abschnitt beschreibt Kisch den Werdegang des Stoffes

---

[240] Ebd. S. 289f.
[241] Ebd. S. 294.
[242] Ebd. S. 297.

durch Spinnereien und Webereien. Zunächst scheint der Reporter erneut einem *Zauber* zu erliegen, wenn er äußerst poetisch schreibt:

„Wo sind wir?

Ein enges Tal im Mondscheinglanz.

Auf Sträuchern flammt Schlehdorn und Goldregen, Spinnweben hängen im Gezweig.

Nebelschwaden steigen aus dem Wiesengrund.

Nymphen heben silberne und goldene Vogeleier aus Nestern, pflücken Löwenzahn, drehen sich im Reigen zum Schleiertanz.

Durch die Luft weht Altweibersommer.

130 Rubel beträgt der Durchschnittslohn der Arbeiterinnen. Am Abend besuchen sie Unterrichtskurse. Vor ein paar Jahren waren sie eingekerkerte, mittellose, analphabetische Sklavinnen ihres Gatten.“[243]

Kisch stellt sich schon fast als Parodie seines früheren Selbst dar, wenn er zunächst in bildlichen Beschreibungen abschweift und damit die unbequeme Frage aufwirft, in welchem Zusammenhang dies noch mit der Thematik gerechtfertigt ist. Doch dann nennt er dem Leser übergangslos die harten Fakten. Kisch zeigt hiermit, dass er nicht mehr gewillt ist, sich durch die Darstellung *zauberischer Vorgänge* von seinem sozialen Anliegen abbringen zu lassen. Der menschliche Faktor steht jetzt konkret im Vordergrund.

In der passend betitelten Reportage „Vergangenheit, Gegenwart und Zukunft", hier besucht Kisch eine Baumwollreinigungsanstalt, stehen ebenfalls zeitliche Entwicklungen im Vordergrund. Nach dem einleitenden Teil, ist der Text in drei weitere Abschnitte gegliedert, wovon jeder einzelne eine bestimmte zeitliche Phase der Anstalt behandelt. Im ersten Teil lässt Kisch erneut einen Interviewten, diesmal einen Arbeiter, in *direkter Rede* zu Wort kommen. Er erzählt von seinen Erfahrungen als Baumwollreiniger unter dem Zaren. Auch in diesem Fall steht bei Kisch die Vergangenheit, wie bereits an den anderen Beispielen gezeigt, stellvertretend für das Schlechte und Rückständige. Und so *berichtet* der *Arbeiter* von „*eine[m] Rubel Taglohn bei vierzehnstündiger Arbeitszeit"* und schlechten Sicherheitsvorkehrungen: *„[Einem] Arbeitskollegen wurde von einem zufallenden Deckel der Kreissäge der Arm weggerissen".*[244] Danach habe er von einer *„Unfallrente von drei Rubel im Monat"*[245]

---

[243] Ebd. S. 299.
[244] EEK: Vergangenheit, Gegenwart und Zukunft. In: GW III. S. 358.
[245] Ebd.

leben müssen. Über einen anderen Vorfall, bei dem ein Kollege sein Leben verlor, der dazu abgestellt wurde, in der Presse das Heu festzustampfen, heißt es: *„Die Baumwolle fiel brennend in die Presse, der Mann stand in einem Flammenmeer, konnte aber den oberen Rand nicht fassen, um sich hinaufzuziehen [...] Endlich zerrten wir ihn heraus – er war schon halb verbrannt und starb gleich.“*[246] Der Abschnitt endet mit dem Ausspruch des Arbeiters: *„Nu, eto bylo!' Das heißt: Nun, das ist gewesen.“*[247] Dementsprechend handelt der sich anschließende Teil von der Gegenwart, in der Kisch deutlich bessere Arbeitsbedingungen vorfindet. Die Arbeiter bekommen nun *„mindestens fünfmal soviel Taglohn“*[248] und: *„In die Kammer der hydraulischen Presse paßt der Mörser – kein Arbeiter steigt jetzt hinab, um die Wolle festzustampfen und tanzend, stanzend mit ihr zu verbrennen.“*[249] Vieles hat sich unter den Bolschewiki zum Guten verändert, lautet das Fazit des Berichterstatters, der den Abschnitt mit den Worten beschließt: *„‚Ist es besser als früher?' Gefragt wird ein Alter, der die Klappen der Saugröhre ölt. ‚Nu, eto jest', lächelt er. Das heißt: es ist.“*[250] Den letzten Teil der Reportage nutzt Kisch dazu, noch immer existierende Missstände zu kritisieren, zugleich aber gibt er eine hoffnungsvolle Prognose für die Zukunft. In den Augen des Berichterstatters ist die größte Misere gegenwärtig eine unzureichende Infrastruktur: *„Der Transport reicht nicht aus. Die Post kommt spät, die Waren und das Werkzeug kommen spät, die Arbeiter kämpfen mit Schwierigkeiten. Wir schauen auf die Berge von gutem Material, das verdirbt, weil alle neuen Bahnen noch nicht ausreichen.“*[251] Die dennoch positive Prognose Kischs speist sich jedoch nicht aus umfangreichen Analysen aktueller ökonomischer und politischer Entwicklungen, sondern aus der Beobachtung dessen, was bisher in kurzer Zeit geschafft wurde und der Hoffnung auf einen anhaltenden Aufschwung. Hier wägt Kisch nicht zwischen Herz und Vernunft ab. Er offenbart sich immer noch als ein *Gefühls-,* statt wissenschaftlich fundierter *Sozialist:* *„‚Nu, eto budet', sagen die Arbeiter, da sie uns mißgelaunt sehen. Das heißt: es wird sein.“*[252]

Kisch stellt in „Asien gründlich verändert" den Menschen und seine Arbeit in den Vordergrund, ob nun die Baumwollreiniger, die Weberinnen oder die Leiterin der Kokonsammelstelle. Selbst wenn Kisch über den Seidenwurm bzw. -falter schreibt, geht es trotzdem um (dessen) Arbeit: das Spinnen eines Kokons. Die Protagonisten in Kischs Reportagen

---

[246] Ebd.
[247] Ebd. S. 360.
[248] Ebd. S. 362.
[249] Ebd. S. 361.
[250] Ebd. S. 362.
[251] Ebd. S. 363.
[252] Ebd.

bestimmen sich vor allem durch ihre Arbeit als gesellschaftliches Wesen. Die Leiterin der Sammelstelle kämpft um eine neue Fabrik, die mehr Arbeitsplätze und Geld in die Region bringen soll, was wiederum größeren Wohlstand für alle zur Folge hätte. Ihr persönliches Ziel, die Überwindung einer traumatischen Vergangenheit, und gesellschaftliches Engagement verschmelzen miteinander, dienen schließlich ein und demselben Zweck. Chassjad Mirkulan tritt als Erwachsene gegen Zwangsehen und Polygamie ein. Missstände, von denen sie zum Teil während ihrer Jugend selbst betroffen war. Dadurch hilft sie anderen Frauen, die ein ähnliches Schicksal erleiden müssen. Kisch präsentiert somit in seinen Reportagen ein Weltbild, das sich in die Tradition des Historischen Materialismus von Friedrich Engels und Karl Marx stellt. Die Protagonisten *arbeiten* aktiv am Fortschritt der Gesellschaft mit und verändern diese dadurch; zugleich wirken die erneuerten gesellschaftlichen Verhältnisse auf sie zurück. Sie sind somit eine historische Verbindung mit der Gesellschaft und den anderen in ihr lebenden Menschen eingegangen, was letztendlich das geschichtliche Wesen der Protagonisten bestimmt. Ebenso möchte Kisch mit seiner Arbeit die Gesellschaft prägen. Er zeigt dem Leser die Fortschritte, welche bisher in wenigen Jahren erreicht wurden, und spricht Bereiche an, die es zu verbessern gilt. Kischs neue Methode, den Reporter „weitgehend hinter seine Darstellung zurück[zuziehen]"[253] und das Material so zu arrangieren, dass es für sich spricht, gibt dem Dargestellten eine größere Authentizität. An die Stelle eines Kommentars durch den außenstehenden Reporter treten nun die Aussagen, der in das untersuchte Wirklichkeitssegment involvierten Personen. Es handelt sich um Personen, mit denen sich der Proletarier identifizieren kann. Er bekommt vorgeführt, wie man sich durch eine engagierte Lebensführung und Arbeit in einer Gesellschaft einbringen kann. In der Vermittlung von sozialen / sozialistischen Ideale an einfache Proletarier sieht Kisch eine der wichtigsten Aufgaben der Reportage. Er artikulierte dieses Ziel in der Rede „Reportage als Kunstform und Kampfform", die er 1935 auf dem *Ersten Internationalen Schriftstellerkongress zur Verteidigung der Kultur* in Paris hielt. In der Rede, welche das folgende Kapitel zum Gegenstand hat, formulierte Kisch jene theoretischen Grundlagen, denen seine praktische Arbeit mittlerweile folgte und die auch seine späteren Werke noch beeinflussen sollten.

---

[253] Geissler, R.: Entwicklung Kisch. S. 93.

5.2 Kischs Rede auf dem *Ersten Internationalen Schriftstellerkongress zur Verteidigung der Kultur* in Paris 1935: „Reportage als Kunstform und Kampfform"

Wenige Stunden nachdem in der Nacht des 27. Februar 1933 der Reichstag in Brand gesetzt wurde, verhafteten die Nazis Kisch in Berlin. Das Verbrechen diente den Nazis als Vorwand, um Maßnahmen gegen politisch unbequeme Landsleute zu ergreifen. Zwei Wochen lang wurde Kisch im Gefängnis der Festung Spandau festgehalten. Erst als die Prager Regierung intervenierte, ließen die Nazis Kisch frei und schoben ihn ins Exil nach Tschechien ab. Eine neue, ungewohnte Situation für den Kosmopolit, der in seinen Reportagen von Land zu Land eilte. Kisch wurde aus seiner Wahlheimat vertrieben. Die Tür nach Deutschland blieb ihm von nun an verschlossen, eine Rückkehr schien angesichts der zu befürchtenden lebensbedrohenden Repressalien unmöglich. Zwar war Kisch durchaus daran gewöhnt, in manchen Ländern ein unwillkommener Gast zu sein, so bereiste er die Vereinigten Staaten mit gefälschten Papieren und in China hielt er sich 1932 ebenfalls mehrere Monate lang illegal auf, aber um sein Leben musste er zuvor in keinem Land fürchten.[254] In Tschechien indessen blieb Kisch nicht lange. Bereits im Mai 1933 siedelte er nach Paris über. Zur gleichen Zeit wurden auf dem Berliner Opernplatz im Zuge der *Bücherverbrennung* auch Kischs Werke den Flammen preisgegeben. Ende Juni 1935 hielt der Exilant in der französischen Hauptstadt auf dem *Ersten Internationalen Schriftstellerkongress zur Verteidigung der Kultur* die Rede „Reportage als Kunstform und Kampfform". Zusammen mit Heinrich Mann war Kisch Repräsentant der deutschen Delegation im Kongressvorstand. Ein vollständiges Manuskript der Rede ist nicht erhalten geblieben. Die später in verschiedenen Exil-Zeitschriften publizierten Auszüge basieren offenbar auf einer stenographischen Mitschrift des Kongresses.[255]

Die Rede beginnt mit einem Angriff auf die bürgerliche *„„hohe Literatur"*, die ein gesellschaftliches Wertesystem vertritt, das auf Unterdrückung und *„pure[n] ‚Materialismus'"* beruht: *„[D]er Wille nach Karriere, Reichtum und Herrschaft über Frauen"*, welcher die *„Helden ihrer Romane und demnach auch ihre Autoren bewegt"*.[256] Der sozial bewusste Schriftsteller müsse deshalb *„v e r a b s c h e u e n [...], was wirklich banal ist, was wirklich demagogisch ist, was wirklich plebejisch ist, was wirklich Phantasielosigkeit, was wirklich öder Rationalismus oder starrer Materialismus ist."*[257] Die Reportage gehöre zudem in den Dienst der Weiterbildung von *„noch ungeschult[en], noch unentwickelt[en] Leserschich-*

---

[254] Seine Erlebnisse im Fernen Osten verarbeitete Kisch in dem Band „China geheim" (1933).
[255] Vgl. C. Siegel: E. E. Kisch. S. 122.
[256] EEK: Reportage als Kunstform und Kampfform. In: GW IX. S. 398.
[257] Ebd. S. 397f.

ten".[258] Die Reportage und andere *„besondere Literaturformen"* müssen in ihrer Komposition und ihrem inhaltlichen Anspruch *„einen Charakter tragen, jenem just entgegengesetzt, den sie heute in fünf Sechsteln der Welt tragen."*[259] Hiermit polemisiert Kisch gegen ausschließlich auf reine Unterhaltung zielende *Schundliteratur* (wie z. B. Western, Gespenster- und Abenteuergeschichten), die sich in der westlichen Welt an ein Publikum aus den unteren sozialen Schichten richtet.[260]

Anhand von Berichten über den Inselstaat Ceylon (heute Sri Lanka genannt) zeigt Kisch die Diskrepanz zwischen beobachtbarer Wirklichkeit und literarischer Verarbeitung durch die bürgerlichen Schriftsteller. Der Reporter war kurz zuvor selbst in Ceylon gewesen und las auf der Schifffahrt dorthin *„teils offiziöse Reiseführer und Propagandaschriften der Reisebüros, teils literarische Reisebücher".*[261] Auf der Insel angekommen, ergriff Kisch ein *„helles Entsetzen".*[262] In Ceylon waren *„von Oktober bis Januar nicht weniger als dreißigtausend Kinder an Malaria und Unterernährung gestorben"* und *„achtzig Prozent der Kinder [sind] wegen Unterernährung unfähig zum Schulbesuch".*[263] Diese Tatsachen wurden jedoch in den Reisebeschreibungen nicht erwähnt: *„Da war die Schönheit des perlenförmigen Eilands besungen, die Brandung des Meeres, das Ewigkeitsrauschen des Dschungels [...], aber nichts von dem entsetzlichen, fürchterlichen Alltag."*[264] Aber genau diesen Alltag muss der *„wahre Schriftsteller, das ist: der Schriftsteller der Wahrheit"* darstellen, *„er soll das grauenhafte Modell mit Wahl von Farbe und Perspektive als Kunstwerk, als anklägerisches Kunstwerk gestalten, er muß Vergangenheit und Zukunft in Beziehung zur Gegenwart stellen – das ist l o g i s c h e P h a n t a s i e, das ist die Vermeidung der Banalität und der Demagogie."*[265] [Hervorhebung von M.S.] Die Darstellung von sozialer Ungerechtigkeit, die Suche nach Ursachen und das Finden von Schuldigen, das alles ist laut Kisch Aufgabe der Reportage. Und auch wenn das Elend in einer noch so schönen Naturlandschaft seinen Platz hat, diese Natur darf angesichts der herrschenden Ungerechtigkeit nicht Hauptgegenstand der Reportage sein: *„Reportage heißt Sichtbarmachung der Arbeit und der Lebensweise – das sind oft spröde, graue Modelle in den heutigen Zeitläufen."*[266] Doch darüber erhellend, aufklärend und mitreißend zu berichten, ist die zu bewältigende Aufgabe. Denn dem Reporter *„steh[t]*

---

[258] Ebd. S. 398.
[259] Ebd.
[260] Vgl. D. Schlenstedt: Leben und Werk. S. 380.
[261] EEK: Reportage als Kunstform und Kampfform. In: GW IX. S. 398.
[262] Ebd. S. 399.
[263] Ebd.
[264] Ebd.
[265] Ebd.
[266] Ebd. S. 400.

der Mensch und das Leben am höchsten, ihnen, ihrem Sein und Bewußtsein soll [seine] Literatur dienen."[267]

*   *   *

Die oben dargestellten theoretischen Positionen waren auch Kischs Arbeitsgrundlage für die beiden noch folgenden thematischen Reportagebänden. Somit bildeten weiterhin soziales Engagement und die Untersuchung gesellschaftlicher Zustände das Fundament von Kischs Schaffen bis an sein Lebensende. Der Aufenthalt des Reporters in *Down Under* wurde Gegenstand von „Landung in Australien" (1937) und seine Zeit im mittelamerikanischen Exil behandelt „Entdeckungen in Mexiko" (1945). 1940 war Kisch nach Mexiko übergesiedelt. Zuvor hielt er sich in New York auf und eine Zeit lang auch in Spanien, wo er die *Internationalen Brigaden* unterstützte. Wenige Monate nach dem Ende des Zweiten Weltkriegs kehrte Kisch schließlich nach Europa zurück. Dort verbrachte er seine letzten beiden Lebensjahre in Prag. Am 31. März 1948 starb Egon Erwin Kisch infolge eines Schlaganfalls im Alter von 62 Jahren.

---

[267] Ebd.

6. Schlussbilanz

In dieser Studie wurde die These von der Wandlung des Reporters Egon Erwin Kisch vom neusachlichen Flaneur zum politisch agitierenden Berichterstatter bewiesen. Das Schaffen des Prager Autors wurde schlüssig in drei Entwicklungsabschnitte eingeteilt. Ausgangspunkt der Betrachtung war die Entstehungszeit des Bandes „Der rasende Reporter" (1924), Kischs erster Buchveröffentlichung, die zum großen Teil speziell dafür verfasste Reportagen beinhaltet. Den Schlusspunkt der Betrachtung bildete der Band „Asien gründlich verändert" (1932) und die Rede „Reportage als Kunstform und Kampfform" (1935), aufgrund der Überzeugung, dass Kisch hiermit zu einer abschließenden Form seiner Reportage fand, die er in den darauffolgenden Jahren bis zu seinem Tod nur noch im Detail veränderte. Durch die Untersuchung von theoretischen Äußerungen im Vergleich mit der inhaltlichen und formalen Komposition seiner Bände sowie der einzelnen Reportagen wurde die Weiterentwicklung Kischs gezeigt. Ebenfalls wurde an dessen Beispiel demonstriert, wie man die Reportageform in den Dienst einer fundierten Kritik stellen kann und welche Probleme dabei hinsichtlich ihrer Wirkungsabsicht, z. B. dem Erreichen einer besonderen Zielgruppe, auftreten können.

Erste Phase: In den theoretischen Schriften der späten 1910er sowie frühen 1920er Jahre („Wesen des Reporters" und „Vorwort ‚Der rasende Reporter'") sagt Kisch nur wenig über die Kriterien seiner Stoffauswahl. Der Reporter schließt lediglich nebulös das *Exotische* aus, seine Intention bleibt offen. Als thematisch geeignet hingegen empfindet Kisch, ähnlich ungenau formuliert, das *Alltägliche* vor der eigenen Haustür: „*Nichts ist verblüffender [...] als unsere Umwelt.*"[268] Der damit verknüpfte soziale Anspruch bleibt verschwommen und undeutlich, die postulierte Tendenzlosigkeit, die dem Berichterstatter eigen sein soll – „*Der Reporter hat keine Tendenz, hat nichts zu rechtfertigen und hat keinen Standpunkt*"[269] –, lässt sich lediglich als ein Versuch deuten, sich selbst gegen die sogenannte *Tendenzpresse*, die Missstände aus Rücksicht auf die Verursacher verschweigt, zu positionieren. Einen bestimmten Adressaten hatte Kisch zu dieser Zeit nicht anvisiert; vom Proletariat ist noch nicht die Rede. Die *logische Phantasie* wird als eine Methode beschrieben, um die gesammelten Tatsachen anzuordnen und die Reportage zu gestalten. Um die politischen und sozialen Überzeu-

---

[268] EEK: Vorwort „Der rasende Reporter". In: GW V. S. 660.
[269] Ebd. S. 659.

gungen bzw. Ideale, die dabei die „*[kompositorischen] Übergänge zu den Ergebnissen*"[270] bestimmen könnten, weiß Kisch noch nicht. Ihm geht es vorerst nur um eine abstrakt gehaltene Wahrheitsfindung. All diese Punkte, von denen er noch eine unzureichende Vorstellung hatte, führen schließlich dazu, dass die Reportagen jener Zeit mit den Erzeugnissen der kritisierten *Tendenzpresse* erstaunlich viele Berührungspunkte aufweisen, ebenso wie mit den Werken der Neuen Sachlichkeit. Für diese literarische Strömung wurde die genaue Beobachtung, der Wille zur Dokumentation und eine mitunter kühl-distanzierte Haltung zum Sujet als zentrale Charakteristik festgehalten. Eigenschaften, die auch bei Kischs Reportagen der mittleren 1920er Jahre wiederzufinden sind, obwohl er selbst die Neue Sachlichkeit in seinen theoretischen Schriften nicht erwähnt. Vielmehr wurde mit dieser Studie auch gezeigt, dass Kisch mit seiner Reportagetheorie dem Programm dieser literarischen Richtung einige wichtige Punkte um Jahre vorweg nahm. Am Beispiel des Bandes „Der rasende Reporter" zeigt sich die Nähe zur Neuen Sachlichkeit vor allem an der Aufzählung möglichst vieler Details der vorgefundenen Szenerien. Ob ein Obdachlosenasyl, der Maschinenraum eines Dampfers oder gar die ganze Stadt Essen, alles versucht der Reporter kleinlich festzuhalten. Kisch gelingt es jedoch nicht in der Vorstellung des Rezipienten plastische Bilder des Beschriebenen zu erzeugen, eher verwirrt er den Leser. Eine distanzierte Haltung lässt sich bei der Darstellung der Menschen erkennen. Diese bleiben anonym, erscheinen nie als Individuum, sondern lediglich als Masse. Und so treten Heizer, Auswanderer oder Stahlwerkarbeiter in den Texten auf, ohne dass aber ihr Schicksal, ohne dass sie als Menschen für den Leser greifbar werden würden. Infolge dessen bleiben viele der Reportagen in ihrer Intention beliebig. In welchem zwingenden gesellschaftlichen Zusammenhang Reportagen über Tauchgänge und Heißluftballone stehen, ist nicht nachzuvollziehen. Hier scheint der Autor nur auf Unterhaltsamkeit und das Ungewöhnliche zu zielen, ähnlich wie es bei der *Sensationspresse* der Fall ist. Dennoch gibt es Reportagen, in denen sich Kisch an Kritik versucht. Zumeist werden schlechte Arbeitsbedingungen dargestellt. Seine Detailbesessenheit ist einer wirkungsvollen Kritik jedoch hinderlich. So berauscht sich Kisch z. B. mehr an Stahlfertigungsprozessen, als sich über die lebensverkürzende Arbeit der Mannschaft vor Ort zu empören. Der 1926 erschienene Band „Hetzjagd durch die Zeit" ist als thematisch und kompositorisch äquivalente Fortsetzung einzuordnen.

Zweite Phase: Mit „Wagnisse in aller Welt" (1927) zeichnen sich jedoch Veränderungen ab. In dieser Anthologie bezieht Kisch Stellung für das Proletariat. Die Vielzahl an Poli-

---

[270] EEK: Wesen des Reporters. In: GW XIII. S. 206.

zei- und Gerichtsreportagen geben dem Band eine starke politische Gewichtung. In den theoretischen Schriften des Zeitraums 1926 - 1929 nimmt die *„soziale Erkenntnis"*[271] nun eine zentrale Rolle ein und erweitert Kischs Model der *logischen Phantasie*. Ein am Sozialismus orientiertes Weltbild, welches eine Auflösung der Klassengesellschaft verfolgt, wird zum Ideal des Reporters. Die *Tendenzlosigkeit* des früheren Kisch wandelt sich zu einer *Tendenz* für die *gerechte Sache*. Mithilfe dieser gewonnenen *sozialen Erkenntnis* ordnet er nun das recherchierte Material zur Reportage an. Das Ziel kann demnach nur sein, im untersuchten Wirklichkeitssegment die soziale Ungerechtigkeit offen zu legen, denn: *„Jede wirkliche Kunst ist eine Gefahr für die Machthaber."*[272] Obwohl Kisch diese Zielsetzungen schon früh formuliert, halten die Reportagen dieser Zeit einen Vergleich mit seinen eigenen Ansprüchen nicht stand. Erst mit „Paradies Amerika" (1930) löst er dann auch selbst seine theoretischen Forderungen in der Praxis ein. Dennoch lassen sich bereits bei dem 1927 veröffentlichten Band „Zaren, Popen, Bolschewiken" einige markante Entwicklungen erkennen. Erstmals stellt Kisch einen Band unter ein spezielles Oberthema: Den Aufbau des ersten sozialistischen Staates. Der Reporter bietet dem deutschen Leser einen Einblick in die UdSSR, die in der amerikanisierten Öffentlichkeit mit Skepsis betrachtetet wurde. Zwar verschweigt Kisch nicht die Probleme, jedoch nutzt er die Reportage größtenteils dafür, Fortschritte gegenüber dem Westen zu loben. Seine Vorliebe zur lückenlosen Dokumentation ist nach wie vor stark ausgeprägt. Waren es zuvor die Straßen von Essen, die ausführlich geschildert wurden, sind es nun Alleen in Moskau oder Sankt Petersburg. Weiterhin behandeln einige Reportagen Themen, die wenig aufschlussreiche Informationen über die russische Kultur vermitteln, auch wenn Texte mit scheinbar beliebigem Gegenstand insgesamt betrachtet seltener geworden sind. Kisch tendiert nun dazu, Phänomene ganzheitlich zu untersuchen. So erforscht er verstärkt historische Gründe für gegenwärtige Entwicklungen und beschreibt zum Teil bereits geschichtliche Prozesse. Dem wird in „Paradies Amerika" zwar vorerst kaum noch nachgegangen, trotzdem gehört der Band zu Kischs bis dato aussagekräftigsten Werken. Die Anthologie muss im Zusammenhang mit „Zaren, Popen, Bolschewiken" gesehen werden. Kisch demontiert in den Reportagen den Mythos der Vereinigten Staaten als Land der unbegrenzten Möglichkeiten. Er zeichnet ein umfangreiches Bild des Staates, in dem anscheinend vor allem eines vorherrscht: soziale Ungerechtigkeit. Kisch selektiert sein Material und ordnet es dergestalt an, dass sich daraus eine wirkungsvolle Kritik formuliert. Kein genanntes Detail erscheint mehr fehl am Platz oder der Intention hinderlich, das *neusachliche* Anhäufen beliebi-

---

[271] EEK: Soziale Aufgaben der Reportage. In: GW IX. S. 9.
[272] EEK: Gibt es eine proletarische Kunst? In: GW IX. S. 219.

ger Einzelheiten ist verschwunden. Vielmehr scheint der Reporter endlich Klarheit darüber gewonnen zu haben, in welchen Dienst die Reportage zu stellen ist: einzig und allein in den der Kritik.

Dritte Phase: Die Darstellung von entwicklungsgeschichtlichen Prozessen ist in „Asien gründlich verändert" (1932) allgegenwärtig. Der von Kisch jeweils näher betrachtete Realitätsausschnitt wird nun immer in seiner Ganzheitlichkeit, also unter Einbeziehung von tradierter Vergangenheit, vorgefundener Gegenwart und den möglichen abzusehenden Entwicklungen in der Zukunft, untersucht. Erstmalig zieht sich der Berichterstatter in einigen der Reportagen komplett hinter seinem Material zurück. Er tritt nicht mehr selbst als Protagonist auf, sondern *lässt* interviewte Personen *berichten*. In „Ich, Chassjad Mirkulan" wird das Leben einer Frau ausschließlich aus deren Sicht erzählt, und in „Vergangenheit, Gegenwart und Zukunft" berichtet ein Arbeiter von seinen Erfahrungen unter dem Zaren. Kisch zeigt damit ebenfalls zum ersten Mal Interesse an Einzelschicksalen. Menschen existieren nun nicht mehr lediglich als anonyme Masse. Die Reportagen thematisieren größtenteils die Verrichtung von Arbeit, wie diese Arbeit die Gesellschaft formt und wie die so veränderte Gesellschaft wiederum auf das arbeitende Individuum zurückwirkt. Hiermit stellt sich Kisch klar in die Tradition der Vertreter eines historisch-materialistisch geprägten Weltbildes. Das gewünschte proletarische Publikum erreicht er durch den besagten Rückzug des Berichterstatters (dessen eigene Lebenssituation nicht viel mit der des Proletariats gemein hat) aus dem Reportagemittelpunkt und der Einführung von Angehörigen der Arbeiterklasse als zentrale Figuren. Eine Identifikation des Rezipienten mit der berichtenden oder handelnden Person wird erreicht. Somit werden durch das Dargestellte Rückschlüsse auf das eigene Leben erleichtert. Darüber hinaus zeigt Kisch Möglichkeiten, sich an einen gesellschaftlichen Wandel produktiv zu beteiligen. So wird auch in der 1935 gehaltenen Rede „Reportage als Kunstform und Kampfform" betont, dass die Reportage für die Fortbildung *„ungeschult[er] Leserschichten"*[273] nutzbar zu machen sei. Weiterhin unterstreicht er am Beispiel des vorgefundenen Grauens in Ceylon und den darüber schweigenden bürgerlichen Schriftstellern, dass der Berichterstatter mit seinen Schriften soziale Ungerechtigkeit unter *„Wahl von Farbe und Perspektive"*[274] anzuklagen hat. Des Weiteren *„muß Vergangenheit und Zukunft in Beziehung zur Gegenwart [gestellt werden]"*,[275] auch das ist eine Aufgabe der *logischen Phantasie* des Reporters, um sich Banalem und Demagogischem letztlich zu entziehen.

---

[273] EEK: Reportage als Kunstform und Kampfform. In: GW IX. S. 398.
[274] Ebd. S. 399.
[275] Ebd.

Mit der Darstellung dieser drei Phasen wurde die Wandlung Kischs von einem *tendenzlosen* Reporter, über einen sich verstärkt für soziale / sozialistische Ideale ereifernden Autor, hin zu einem sich als historisch-materialistisch operierend verstehenden Berichterstatter verdeutlicht. Abschließend lassen sich folgende elementare Punkte, die sich aus der über Jahre hinweg von Kisch entwickelten Reportagetheorie herausgebildet haben, festhalten: *Erstens:* Der Reporter muss sein Material vor Ort sammeln und recherchieren. Informationen aus zweiter Hand sind unzulässig. *Zweitens:* Um das gesammelte Material dem Zweck entsprechend auszuwählen und anzuordnen, nutzt der Reporter die Methode der *logischen Phantasie.* Diese wird bestimmt durch seine *soziale Erkenntnis*, d. h. dem Weltbild und Wertesystem (also dem Ideal) den der Reporter folgen will. Die Methode ermöglicht die ganzheitliche Erfassung von gesellschaftlichen Prozessen durch die Erforschung der Vergangenheit, der Dokumentation der Gegenwart und dem Aufzeigen möglicher und besserer Alternativen in der Zukunft. *Und drittens:* Der Reporter tritt hinter seinem Material zurück. Er arrangiert die gesammelten Fakten und Tatsachen so, dass interviewte Personen, die in dem untersuchten Wirklichkeitssegment involviert sind, berichten oder zumindest aus deren Blickwinkel berichtet wird: *„Der Reporter l ä ß t Perspektiven weisen."*[276] Dies erhöht die Authentizität des so dargelegten Materials, da der Reporter selbst nie ein Betroffener, sondern nur der Untersuchende ist.

Es waren diese Grundlagen, denen Egon Erwin Kisch als Reporter, auch über das Jahr 1935 hinaus, bis an sein Lebensende folgte. Mit *seiner* Form der Reportage wollte er ein möglichst großes Publikum sensibilisieren sowie über Missstände aufklären. Und damit zugleich seinen Beitrag für eine fortschrittlichere Gesellschaft leisten, die jenseits einer Einteilung in soziale Klassen funktionieren könnte.

---

[276] Geissler, R.: Entwicklung Kisch. S. 93.

7. Literaturverzeichnis

7.1 Primärliteratur

7.1.1 Egon Erwin Kisch

Egon Erwin Kisch. Gesammelte Werke in Einzelausgaben. Bd I - XI. Hrsg. von Bodo Uhse und Gisela Kisch. Berlin und Weimar: Aufbau-Verlag 1960ff.

Verwendete Exemplare der einzelnen Bände:

Bd I:	1976 (3. Auflage)
Bd II/1:	1968
Bd II/2:	1980 (3. Auflage)
Bd III:	1977 (2. Auflage)
Bd IV:	1962
Bd V:	1978 (3. Auflage)
Bd VI:	1976 (2. Auflage)
Bd VII:	1974 (2. Auflage)
Bd VIII:	1983
Bd IX:	1983
Bd X:	1985
Bd XI (= Bd 12):	1993

Klassischer Journalismus. Die Meisterwerke der Zeitung. Hrsg. von Egon Erwin Kisch. München: Rogner & Bernhard 1974.

7.1.2 Andere Autoren

Benn, Gottfried: (Ohne Titel). In: Gottfried Benn. Gesammelte Werke in acht Bänden. Bd 8: Autobiographische Schriften. Hrsg. von Dieter Wellershoff. München: Deutscher Taschenbuch Verlag 1975. S. 2218.

Die Entstehung der Vereinigten Staaten und ihrer Verfassung. Dokumente 1754 - 1791. Hrsg. von Angela Adams und Willi Paul Adams. Münster: Lit Verlag 1995.

Ford, Henry: Mein Leben und Werk. 30. Auflage. Leipzig: Paul List Verlag 1926.

Roth, Joseph: Kein rasender Reporter. Egon Erwin Kisch zum 50. Geburtstag. In: Joseph Roth. Werke. Bd 4. Hrsg. von Hermann Kesten. Neue, erweiterte Ausgabe. Köln: Kiepenheuer & Witsch 1976. S. 286.

Tucholsky, Kurt: Der rasende Reporter. In: Kurt Tucholsky. Gesammelte Werke in 10 Bänden. Bd 4: 1925 - 1926. Hrsg. von Mary Gerold-Tucholsky und Fritz J. Raddatz. Reinbek bei Hamburg: Rowohlt Taschenbuch Verlag 1975. S. 48 - 49.

Tucholsky, Kurt: Die Reportahsche. In: Kurt Tucholsky. Gesamtausgabe. Bd 14: Texte 1931. Hrsg. von Sabina Becker. Reinbek bei Hamburg: Rowohlt Verlag 1998. S. 38 - 40.

7.2 Sekundärliteratur

7.2.1 Buchveröffentlichungen über E. E. Kisch

Geisler, Michael: Die literarische Reportage in Deutschland. Königstein/Ts.: Scriptor Verlag 1982.

Geissler, Rudolf: Die Entwicklung der Reportage Egon Erwin Kischs in der Weimarer Republik. Köln: Pahl-Rugenstein Verlag 1982.

Jacobi, Jutta: Journalisten im literarischen Text. Frankfurt am Main: Verlag Peter Lang 1989.

Kisch-Kalender. Hrsg. von F[ranz] C[arl] Weiskopf. 2. Auflage. Berlin (Ost): Aufbau-Verlag 1956.

Patka, Marcus G.: Egon Erwin Kisch. Stationen im Leben eines streitbaren Autors. Wien, Köln und Weimar: Böhlau Verlag 1997.

Queißer, Günter: Die Komposition der Kisch-Reportage. Diss. masch. Leipzig: 1963.

Der rasende Reporter Egon Erwin Kisch. Eine Biographie in Bildern. Hrsg. von Marcus G. Patka. Berlin: Aufbau-Verlag 1998.

Schlenstedt, Dieter: Kisch. Sein Leben und Werk. Berlin (West): Verlag Das europäische Buch 1985.

Schlenstedt, Dieter: Die Reportage bei Egon Erwin Kisch. Berlin (Ost): Rütten & Loening 1959.

Schütz, Erhard: Kritik der literarischen Reportage. München: Wilhelm Fink Verlag 1977.

Siegel, Christian Ernst: Egon Erwin Kisch. Reportage und politischer Journalismus. Bremen: Schühnemann Universitätsverlag 1973.

Siegel, Christian Ernst: Die Reportage. Stuttgart: J. B. Metzlersche Verlagsbuchhandlung 1978 (= Sammlung Metzler Band 164).

7.2.2 Artikel über E. E. Kisch

Frei, Bruno: Zweimal Kisch. In: Text + Kritik. Zeitschrift für Literatur. Heft 67 (1980). S. 10 - 15.

Jäger, Manfred: Das Klischee einer exemplarischen „Entbürgerlichung". In: Text + Kritik. Zeitschrift für Literatur. Heft 67 (1980). S. 27 - 34.

Olbrich, Harald: Die „Neue Sachlichkeit" im Widerstreit der Ideologien und Theorien zur Kunstgeschichte des 20. Jahrhunderts. In: Weimarer Beiträge. Heft 12 (1980). S. 65 - 76.

Schütz, Erhard: Moral aus der Geschichte. Zur Wahrheit des Egon Erwin Kisch. In: Text + Kritik. Zeitschrift für Literatur. Heft 67 (1980). S. 38 - 47.

Siegel, Christian Ernst: Reporter. Schriftsteller der Wahrheit. In: Text + Kritik. Zeitschrift für Literatur. Heft 67 (1980). S. 16 - 23.

7.2.3 Buchveröffentlichungen über Reportagetheorie und Journalismus

La Roche, Walther von: Einführung in den praktischen Journalismus. 16., völlig neu bearbeitete Auflage. München: List Verlag 2003.

Reifenrath, Roderich: Die Blattmacher. Aus der Praxis der Journalisten. Berlin: Parthas Verlag 2006.

Reportagen. Hrsg. von Theodor Karst. Stuttgart: Philipp Reclam jun. 1976.

Autorenprofil

Zu meiner Person

M.A. Michael Schulz

Jahrgang: 1982

Berlin/Cottbus

schulz.michael1@gmx.de

Studium und Schule

07/2008	Abschluss des Studiums als Magister Artium
04/2002 - 07/2008	Studium an der Technischen Universität Berlin (Hauptfach: Neuere Deutsche Philologie, Nebenfächer: Philosophie und Neuere Geschichte)
06/2001	Abitur an der Carl-Friedrich-Grabow-Gesamtschule mit gymnasialer Oberstufe in Prenzlau

Berufliche und praktische Erfahrungen

10/2008 - laufend   Redaktionsvolontariat bei der Tageszeitung „Lausitzer Rundschau" in Cottbus

Zuvor in Berlin Redaktionspraktikant bei den Tageszeitungen „B.Z" und „Bild", dem Stadtmagazin „Tip" und der PR-Fachzeitschrift „Der Pressesprecher"

Sprachkenntnisse

Englisch (gut), Russisch (Grundkenntnisse)

EDV-Kenntnisse

CCI Layout Champ, Linopress Pagination & Editorial, Adobe Photoshop, Microsoft Office, SAP

In meiner Freizeit...

... erkunde ich den Sinn und Unsinn der Pop-Kultur